Wag deinen Weg

Ich wage es, will
die Hindernisse ansehen,
die Unehrlichkeiten hören,
die Halbheiten annehmen,
die Mängel beim Namen nennen.

Ich wage es, will
sagen, was ich zu sagen habe,
beitragen, was ich kann,
sein, wie ich bin.

Ich wage es, will
meine Chancen wahrnehmen,
meine Möglichkeiten erproben,
mir Fehler erlauben
und den ersten Schritt tun.

Max Feigenwinter

WAG DEINEN WEG

Eschbacher LebensArt

Max Feigenwinter, geboren 1943, Didaktiklehrer und Erwachsenenbildner, war lange Zeit Leiter des Lehrerseminars Sargans (Schweiz) und ist Autor mehrerer Nachdenk-Bücher sowie pädagogischer und unterrichtspraktischer Fachbücher.

Lieferbare Titel von Max Feigenwinter im Verlag am Eschbach:
Aufstehen und Leben. *Biblische Inspirationen* (Geschenkheft 763).
Bunte Herbstfarben wünsch ich dir (Geschenkheft 535).
Dem Glück auf der Spur. *Inspirationen zur Bergpredigt* (Mini 892).
Dieser Tag ist dir geschenkt. *Eine Wegbegleitung* (Geschenkheft 276).
Einander Engel sein. *Gedanken zur Weihnachtszeit* (Geschenkheft 248).
Einander Frieden bringen. *Leben aus der Weihnachtshoffnung* (Geschenkheft 557).
Lass dir Zeit. *Eine Einladung zum Verweilen* (Geschenkheft 265).
Sei du selbst (Mini 773).
Worte können Wunder wirken. *Biblische Inspirationen* (Geschenkheft 548).

Titelbild: photocase.com/Schnee von gestern

Bibliographische Information der Deutschen Nationalbibliothek:
Die Deutsche Nationalbibliothek verzeichnet diese Publikation in der Deutschen Nationalbibliographie; detaillierte Daten sind im Internet über http://dnb.d-nb.de abrufbar.

ISBN 978-3-88671-946-4

Im Alten Rathaus/Hauptstr. 37
D-79427 Eschbach/Markgräflerland

www.verlag-am-eschbach.de

Gestaltung, Satz und Repro: Finken & Bumiller, Stuttgart.
Herstellung: Freiburger Graphische Betriebe, fgb

INHALT

EINFÜHRENDE GEDANKEN

Die meisten von uns kennen viele biblische Geschichten. Sie wurden uns im Religionsunterricht oder in Gottesdiensten erzählt. Als kleine Kinder haben wir den Wundertäter Jesus möglicherweise bestaunt. Wir wären auch gerne dabei gewesen, wenn er Wunder wirkte, bereuten, dass Jesus nicht in unserer Zeit lebte. Später wurden wir kritischer, wir stellten unbequeme Fragen und bekamen darauf oft keine Antworten oder wurden angehalten zu glauben, und immer wieder wurde uns gesagt, für Gott sei eben kein Ding unmöglich. Die Zweifel wurden dadurch nicht kleiner, wohl aber die Begeisterung für biblische Geschichten.
In den Religionsstunden ist es vielerorts nicht gelungen zu zeigen, dass wir zwischen Geschichte im Sinn von Historie und Geschichten unterscheiden müssen.
Die Evangelisten schrieben viele Jahre nach Jesu Tod auf, was bis damals mündlich weiter erzählt wurde. Sie wollten mit ihren Texten zeigen, wie dieser Jesus durch das, was er tat und durch das, was er erzählte, wirkte, und sie hofften, dass die Leute berührt, betroffen, begeistert würden.

Für mich ist Jesus ein Mensch, der uns alle aus der Enge hinausführen, aus Gefangenschaft befreien wollte. Ihm war es wichtig, dass wir angstfrei leben, unsere Möglichkeiten einsetzen, damit alle wagen zu sein, wie sie zutiefst sind.
Es ist wirklich frohe Botschaft, wenn Jesus das Schreien des blinden Bartimaios hört, stehen bleibt und ihn ermutigt, zu sich zu stehen und seine Wünsche zu äußern. Wenn er den

Eltern der zwölfjährigen Tochter sagt: Lasst sie auf eigenen Beinen stehen und gebt ihr, was sie braucht. Er ermutigt uns im Gleichnis von den Talenten, auf Vergleiche mit andern zu verzichten, das einzusetzen, was wir haben, zu sein wie wir sind und verheißt uns, dass dies genügt. Und ist es nicht für uns alle beglückend, wenn wir Menschen haben, die wie Jesus sagen: »Deine Schuld ist dir vergeben.« Jesus wollte, dass wir alle zu uns selbst finden, unseren Weg gehen. Seine Botschaft ist ermunternde Aufforderung: »Sei du selbst! Wag deinen Weg!«

Es ist schade, dass so viele Menschen trotz oder wegen vieler Religionsstunden als Erwachsene kaum mehr biblische Geschichten lesen. Sie werden von ihnen nicht berührt, sind nicht betroffen, nicht angesprochen. Vieles könnte anders sein, wenn wir uns fragten: Was deutet und bedeutet diese Geschichte mir hier und jetzt? Was fordert sie von mir, und wie verändert sich unsere Welt, wenn wir so leben, wie Jesus es aufzeigt. Biblische Geschichten können uns fordern. Mark Twain können wir gut verstehen, wenn er sagt: »Nicht die biblischen Texte fordern mich am meisten, die ich nicht verstehe. Am meisten fordern mich die, die ich verstehe.«

Wir können uns in diesen Geschichten wieder finden. Wir können uns mit einzelnen Personen identifizieren und spüren sehr schnell, dass das, was hier beschrieben ist, immer und überall wieder geschieht.

Wir sind angesprochen, müssen Antwort geben, verantworten.

VERTRAUEN HILFT

Die Geschichte vom blinden Bettler Bartimaios, der vor den Toren Jerichos um Gaben bittet, wird schon den Kindern erzählt. Aber gerade diese kleine Geschichte stellt uns viele Fragen: Wie geht es einem Menschen, der nichts mehr sieht, keine Visionen mehr hat, der von allen gesehen wird, selbst aber nicht sehen kann und nicht mehr schauen mag? Was bringt ihn dazu, um Erbarmen zu rufen? Beim genauen Lesen fällt uns auf, wie die Menschen auf sein Rufen reagieren. Manche werden erstaunt sein, dass Jesus den Blinden fragt, was er wolle, und schließlich stellen wir verwundert fest, dass Jesus offenbar gar nichts macht; dass das Vertrauen des blinden Mannes das Wunder bewirkt.

Wer sind die Blinden bei uns? Was führt dazu, dass Menschen nicht mehr wagen, selbst zu sehen, selbst zu entscheiden, für sich selbst einzustehen? Wer wird heute aufgefordert, still zu sein, nichts zu sagen? Und wer sind jene, die anhalten, den einzelnen Bedürftigen sehen und ihn ermutigen zu sagen, was er braucht?

JESUS HEILT EINEN BLINDEN

Sie kamen nach Jericho. Als Jesus die Stadt wieder verließ, gefolgt von seinen Jüngern und einer großen Menschenmenge, saß da am Straßenrand ein Blinder und bettelte. Es war Bartimaios, der Sohn von Timaios. Als er hörte, daß es Jesus von Nazaret war, der da vorbeikam, fing er an, laut zu rufen: »Jesus, Sohn Davids! Hab Erbarmen mit mir!« Viele fuhren ihn an, er solle still sein; aber er schrie nur noch lauter: »Sohn Davids, hab Erbarmen mit mir!« Da blieb Jesus stehen und sagte: »Ruft ihn her!« Einige liefen zu dem Blinden hin und sagten zu ihm: »Fasse Mut, steh auf! Jesus ruft dich!« Da warf der Blinde seinen Mantel ab, sprang auf und kam zu Jesus. »Was willst du?« fragte Jesus. »Was soll ich für dich tun?« Der Blinde sagte: »Rabbuni, ich möchte wieder sehen können!« Jesus antwortete: »Geh nur, dein Vertrauen hat dir geholfen!« Im gleichen Augenblick konnte er sehen und folgte Jesus auf seinem Weg.

Markus 10, 46-51 nach der Gute Nachricht Bibel

NICHTS MEHR SEHEN KÖNNEN – NICHTS MEHR SEHEN WOLLEN

Wie kommt es, dass ein Mensch nichts mehr sieht, nicht mehr sehen und schauen mag?
Es gibt viele Menschen, die sehen nicht mehr weiter; sie sehen keinen Sinn, keinen Wert, keine Möglichkeit und keinen Weg. Das Leben ist buchstäblich aussichtslos.
Vielleicht wurden sie allzu oft gemaßregelt. Mit strengem Blick und kalter Überlegenheit wurde ihnen vorgeworfen, nicht zu genügen. Sie hielten diesem Blick nicht stand, schauten auf den Boden, schauten gar nicht mehr, machten, was von ihnen verlangt wurde, widerstandslos und unterwürfig.
Vielleicht wurden sie selbst nicht gesehen, nicht beachtet, sondern übersehen und verachtet. Sie zweifelten an ihren Möglichkeiten, an ihrem Wert, an sich selbst. Sie wagten nicht mehr selbst zu sehen, sahen, was andere sahen; sagten, was andere sagten; machten, was man macht.
Vielleicht sahen sie so viel Schreckliches, dass sie nicht noch mehr sehen wollten. Es war zu viel, machte Angst, quälte. Sie mussten die Augen verschließen, um überleben zu können. Als Menschen, die nicht mehr selber sehen, sind sie aber auf andere angewiesen, unmündig, abhängig.
Vielleicht erlebten sie zu viel Trauriges. »Ihre Augen wurden Nasses blind«, heißt es ihm Nibelungenlied.
Vielleicht wurde allzu oft gespottet, abgewertet, wenn sie sagten, was sie sahen. So konnten sie nach und nach ihren eigenen Augen nicht mehr trauen, sich selbst nicht mehr vertrauen. Wenn sie machten, was sie selber sahen, hatten

sie keine Aussicht auf Erfolg. Sie gaben sich auf, trauten andern mehr als sich selbst. Doch das ist gefährlich.
Als Jesus den Irren von Gerasa fragte, wie er heiße, antwortete er: »Ich heiße Legion, denn in mir sind viele.« Es ist tatsächlich zum Verrücktwerden, wenn man jegliches Selbstvertrauen verloren hat, wenn man statt der eigenen Stimme nur noch die vielen Stimmen derer hört, die über das eigene Leben bestimmen wollen. Der Irre von Gerasa war so aggressiv, dass die Leute vor ihm Angst hatten, andere werden in einer solchen Lage kraftlos. Sie geben auf, geben sich auf.
Vielleicht sind manche Menschen nach all dem, was sie erlebt haben, sogar froh, nicht mehr selber sehen zu müssen. Ihnen fällt es leichter, die Sichtweise anderer zu übernehmen, Mitläufer zu sein als zu ihrer Ansicht zu stehen.
Was hatte Bartimaios wohl erlebt?

Siehst du nicht mehr,
was wirklich ist,
weil andere dir gesagt haben,
was du sehen musst,
wie du es sehen musst,
was für dich richtig und wichtig ist?

Siehst du nicht mehr,
weil andere dich verspottet haben,
wenn du gesagt hast,
was du siehst,
wie du es sieht,
was dir richtig und wichtig scheint?

Schaust du nicht mehr,
weil du verunsichert,
dir fremd geworden bist;
weil du andern mehr glaubst
und mehr vertraust
als dir selbst?

Bettelst du,
weil du deine Möglichkeiten,
deine Fähigkeiten,
deinen eigenen Wert,
nicht mehr siehst?

Bettelst du
niedergeschlagen,
stumm und unterwürfig,
weil du dich nicht mehr achtest,
andere mehr achtest als dich selbst,
dir nicht mehr vertraust?

Es gibt Situationen,
die so schlimm sind,
dass wir die Augen verschließen,
nicht mehr schauen können
und nichts mehr sehen wollen.

Es gibt Momente,
da wir keine Hoffnung haben,
kein Ziel,
keinen Wert,
keinen Sinn sehen.

Es gibt Situationen,
da brauchen wir Menschen,
die an uns glauben,
zu uns stehen
und einfach da sind.

Es gibt Momente,
da brauchen wir Menschen,
die uns ermutigen,
damit wir sagen können,
was wir uns zutiefst wünschen.

HILFERUF UND ZURÜCKWEISUNG

Es gibt auch heute viele Menschen wie er in dieser kleinen Geschichte beschrieben ist. Sie sind ausgeschlossen, werden von andern übersehen, wagen nicht mehr selbst zu schauen, nicht mehr zu sagen, was sie fühlen und denken, leben wie andere es von ihnen erwarten.

Ich darf
nicht sehen, was ist,
was sie tun und nicht tun,

Ich darf
mir kein eigenes Bild machen,
keinen eigenen Standpunkt einnehmen.

Ich darf
nicht kritisch sein,
nichts Neues vorschlagen.

Ich muss
die Augen verschließen,
den Mund halten,
über mich ergehen lassen,
was ich kaum ertragen kann.

Nur als einer
der nichts sieht und nichts einsieht,
nichts weiß und versteht,

nichts sagt und nichts kann
werde ich geduldet;
nur als blinder Bettler,
den man sieht oder übersieht,
kann ich überleben.

Sie haben erlebt, dass jeder Versuch etwas zu verändern, auf Widerstand gestoßen ist. Vielleicht wurden Bemühungen ganz einfach übersehen, überhört, übergangen; vielleicht aber wurden sie lächerlich gemacht oder als Anmaßung zurückgewiesen. Wer das mehrmals und in verschiedenen Situationen erlebt, wird sich hüten, es erneut zu versuchen.

Von Bartimaios, der Tag für Tag vor den Toren der Stadt saß und bettelte, wird gesagt, er hätte gehört, dass Jesus mit viel Volk vorbei ging. Es musste in ihm ungeheure Energie freigesetzt haben, denn jetzt fing er an zu schreien. Bei allen Evangelisten wird deutlich: Nicht Jesus hat den Blinden angesprochen. Überall heißt es: Er schrie, er rief. Was war es wohl, dass das Leben dieses Menschen in einem Moment völlig veränderte; was hat ihm den Mut gegeben, aus seinem armseligen, stummen Bitten herauszukommen, mit voller Kraft für sich einzustehen, jene zu stören, die nicht gestört sein wollten, jene auf sich aufmerksam zu machen, die ihn nicht bemerken wollten? Es muss eine große Kraft, eine wunderbare Kraft gewesen sein. Schon dies ist ein Wunder, wenn jemand wieder für sich einsteht, klar und deutlich sagt, was er will. Bei Bartimaios war es Jesus, sein Geist, seine Kraft, das, was er von ihm gehört hatte, der Glaube des

Bartimaios, dass es nicht zu spät sei, dass er ihm helfen könne und helfen würde. Vielleicht waren einige von uns auch schon in einer ähnlichen Situation. Die Welt um uns war dunkel, es schien, wir würden nicht dazu gehören, waren abhängig und wagten es nicht einmal zu sagen. Wie ungeheuer dankbar sind wir in solchen Situationen, wenn wir auf einmal spüren: Da ist jemand, der mich versteht, der mich ernst nimmt, anhält, mir zuhört, mir hilft und gibt, was ich brauche. Vielleicht waren wir selbst schon einmal für jemanden eine solch rettende Kraft; vielleicht machten wir gar nichts Besonderes, wir waren einfach da, selbst- und dem andern verständlich. Vielleicht waren wir für jemanden wichtig, ohne es zu wissen. Vielleicht haben wir durch unser Dasein, durch unser Leben ermutigt, gestärkt, neues Leben ermöglicht.

Für die Menschen in der kleinen Geschichte war das Verhalten des blinden Bettlers unerwartet und unerwünscht. Jetzt, da sie Jesus so nahe waren, störte der blinde Bettler, der sich sonst kaum bemerkbar machte. Das passte nicht, und sie versuchten, ihn zum Schweigen zu bringen.

Tagelang,
wochenlang,
monatelang
hatte er geschwiegen,
nichts gesagt,
nichts gefragt,
stumm die Hand hingehalten,
»danke« gemurmelt
für jede Kleinigkeit,
die wir ihm achtlos hinwarfen.

Bettelnd,
bittend
klaglos,
kraftlos,
reglos,
immer am selben Ort
stets darauf bedacht,
niemanden zu stören,
niemanden zu ärgern.
Wir hatten uns an ihn gewöhnt,
den stummen Blinden,
den blinden Stummen.
Wir mieden ihn,
diesen traurigen Blinden,
die verkörperte Traurigkeit.
Wir waren froh,
dass er uns nicht sah,
nicht in die Augen sah,

dass er uns nicht ansprach,
uns nichts sagte
uns nichts fragte.
Wir hätten antworten müssen,
verantworten müssen,
was wir schuldig blieben.

Solange Bartimaios schwieg,
störte er niemanden,
forderte er niemanden.
Und wir gaben ihm einige Münzen,
damit er schwieg,
niemanden störte,
niemanden forderte,
von uns nicht forderte,
dass wir ihn sahen,
als einen von uns sahen,
als Menschen sahen,
der das Recht hat,
gesehen und angesehen zu werden.
Bartimaios schwieg,
bis dieser Jesus kam.
Da – für uns alle unerwartet
war das Undenkbare wirklich,
das Unmögliche möglich.
Bartimaios,
der stumme Blinde schrie aus Leibeskräften;
er schrie, wie wir es ihm nie zugetraut hätten:
»Hab Erbarmen mit mir!«

Wir erschraken,
wir staunten,
wir ärgerten uns.
Gerade jetzt musste er stören,
gerade jetzt, da wir Jesus so nahe waren.

Viele gingen hin,
stießen ihn,
drohten ihm,
zwangen ihn ruhig zu sein,
doch alles nützte nichts.
Er schrie noch lauter:
»Hab Erbarmen mit mir!«

Ich stand abseits,
hörte, was er rief,
sah, was geschah,
und fragte mich,
woher er die Kraft nahm,
so zu schreien,
sich so zu wehren.
Ich fragte mich,
woher er den Mut nahm
und woher das Vertrauen,
dieser Jesus könne ihm helfen.
Ich fragte mich und hörte
wie Jesus sagte:
»Ruft ihn her!«

Spürte der verachtete Bartimaios,
dass da ein Mensch ist,
der sogar an die Menschen glaubt,
die nicht mehr an sich selber glauben können?

Spürte Bartimaios,
dass da ein Mensch ist, der ganz ja sagt:
Ja zu sich,
ja zu andern
und so ermöglicht,
was andere kaum denken können -
Wunderbares?

Auch heute werden viele, die unbequem sind, Menschen, die uns stören, zurückgewiesen. Ich denke an Kinder, die oft hören müssen: »Sei still! Halt den Mund! Kein Wort mehr! Stör jetzt nicht!« Auch wir Erwachsenen kennen viele Möglichkeiten, andere endgültig zum Schweigen zu bringen.

HOFFNUNG TROTZ WIDERSTAND

Wir können uns gut vorstellen, wie die Menschen reagierten, die Jesus begleiteten. Sie waren wohl wütend, dass dieser Bettler, der sonst wusste, wie er sich verhalten musste, der sonst kaum jemanden störte, sich gerade jetzt auf ganz ungewohnte Art bemerkbar machte. Das hatten sie nicht erwartet, das hatten sie von ihm ganz sicher nicht erwartet. Deshalb fuhren sie ihn an, still zu sein. Einige werden ihn mit harten Worten angeredet haben, andere drohten vielleicht mit Fäusten, die er gar nicht sah, wieder andere stießen ihn wohl und hofften, er möge so zur Besinnung kommen.

Wir kennen all diese Versuche, andere zum Schweigen zu bringen. Auch heute werden viele Menschen, kleine und große, Kinder und Erwachsene ruhig gestellt, außer Gefecht gesetzt. Es gibt viele Möglichkeiten, jemanden zurückzuweisen. Vielleicht wird gar nicht gedroht, man macht dem andern auf andere Art deutlich, dass es zwecklos ist, nichts bringt. Vielleicht schüttelt man nur den Kopf, belächelt leise und wendet sich ab.

Doch bei Bartimaios hatten sie keinen Erfolg. Er schrie trotz aller Drohungen weiter und, so heißt es, noch lauter. Er, der so lange übersehen und überhört worden war; er, der um alles und jedes betteln musste, war nicht mehr zu bremsen. Er wehrte sich, er allein setzte sich gegen alle durch, wollte endlich gehört werden. Der Leidensdruck, der über lange

Zeit gewachsen war, die ertragene Unerträglichkeit waren zu groß. Dieser Jesus setzte in ihm Kräfte frei, von denen alle überrascht waren. Es scheint, dass der Widerstand der Menge ihn nicht bändigte, sondern gar Kräfte frei setzte.

Dieses Verhalten des Bartimaios kann uns Beispiel sein. Es fordert auf: Gib nicht auf, wenn du auf Widerstand stößt! »Gib dich nicht auf! Steh für dich ein!«

Das ist nicht leicht. Oft haben Menschen diese Kraft nicht, sie sehen keine Möglichkeiten mehr, sehen ein, dass es scheinbar besser ist ruhig zu sein, alles über sich ergehen zu lassen, das ungerechtfertigte Leid zu akzeptieren, zu schlucken, obwohl es nicht zu verdauen ist. Viele Menschen bleiben blinde Bettler, weil niemand kommt, der sie ermutigt und stärkt.

Stellen wir uns vor, wie einer, der Jesus begleitete, dies erlebte.

Ich kann es noch immer nicht verstehen.
Als wir vorbei gingen,
wo Bartimaios saß,
begann er zu schreien.
Niemand hatte ihn beachtet,
niemand hatte ihn gesehen,
in diesem Moment ganz sicher nicht,
als wir so nahe bei Jesus waren,
mit ihm reden, ihn fragen,
ihm zuhören und ihn bitten konnten.

Wir wollten diesen Moment genießen,
keines seiner Worte verpassen,
seine Geschichten hören,
an seiner Seite gehen,
seine Hände berühren,
in seine Augen sehen
und seine Wärme spüren.

Und in diesem Moment,
der uns so wichtig war,
den wir uns nicht verderben lassen wollten,
begann er zu schreien:
»Herr, erbarme dich meiner!«
Und immer wieder:
»Herr, erbarme dich meiner!«

Was war wohl in ihn gefahren?
Wir waren alle überrascht,

verstanden nicht,
wollten und konnten nicht verstehen,
baten ihn ruhig zu sein,
forderten ihn auf zu schweigen,
uns nicht zu stören.
Einige drohten ihm

Doch alles nützte nichts.
Je mehr wir ihn zur Ruhe zwangen,
desto mehr schrie er.
Sein Körper, ein einziger Schrei,
dem wir alle nicht gewachsen waren.
Immer wieder:
»Sohn Davids, erbarme dich meiner!«

Auch der Bartimaios, der heute lebt, vielleicht ganz nahe bei uns, kann wieder neue Kraft schöpfen, wenn Mitmenschen menschlich auf ihn zugehen und versuchen zu spüren, was im Kern seiner Seele ist; wenn Mitmenschen glauben, dass nicht alles verloren ist.

Ganz tief innen,
verschüttet unter Ablehnung,
Ironie und Sarkasmus
liegt noch Hoffnung begraben.
Ganz tief innen,
übel zugerichtet von Schlägen,
Vorschlägen und Ratschlägen
ist das geschundene Selbstwertgefühl.

Ganz tief innen,
verunstaltet von Vorurteilen,
Lieblosigkeit und Hass
ist verletztes Vertrauen.

Ganz tief innen,
verkrüppelt durch Verbote,
Beschränkungen und Behinderungen
ist noch Mut zu leben.

Und zutiefst innen
unter der verschütteten Hoffnung,
dem übel zugerichteten Selbstwertgefühl,
dem verletzten Vertrauen,
dem verkrüppelten Lebensmut
ist die Sehnsucht zu leben,
die trotz allem da ist,
wirkt und erstarkt,
wenn jemand kommt und ja sagt,
bedingungslos ja.

Nicht aufgeben, auch wenn wir nicht mehr weiter sehen, auf andere angewiesen sind, von ihnen kaum beachtet, vielleicht sogar abschätzig behandelt und belächelt werden. Nicht aufgeben, sondern glauben, dass es trotz allem eine Rettung gibt. Handeln wie Bartimaios.

Du ahnst, dass du Hilfe brauchst.
Du spürst, dass du Hilfe brauchst.
Du weißt, dass du Hilfe brauchst.

Allein kommst du nicht weiter,
trittst auf der Stelle,
wirst müde, ohne Fortschritte zu machen,
Resignation wächst.

Du sagst, dass du Hilfe brauchst.
Du rufst, du schreist nach Hilfe.

Du weißt, dass dies die einzige Rettung ist,
die einzige Möglichkeit, das Leben zu retten.

Aber du störst die Ruhe,
die Zufriedenheit,
die Bequemlichkeit der andern.

Sie, die dich übersehen und überhört,
im Stich gelassen und ausgestoßen,
belächelt und verspottet haben,

Sie, die dich nicht verstanden,
dir nicht geholfen haben,
fühlen sich gestört.

Sie zwingen dich zu schweigen,
versuchen dich zu zwingen,

versuchen, deinen Schrei nach Leben
im Keim zu ersticken.

Doch du bittest, rufst,
schreist um Hilfe,
damit du wieder sehen und hören,
wieder leben kannst.

Du gibst nicht auf,
gibst dich nicht auf,
schreist nach Leben,
an das du glaubst,
trotz allen, trotz allem.

Du findest deinen Weg,
weil du nicht aufgegeben,
vertraut,
an dich geglaubt hast.

Menschen sind glücklich, wenn sie jemandem begegnen, der neue Hoffnung, neues Vertrauen ermöglicht, wenn sie sagen können:

In deiner Nähe
ist alles ganz anders:

Ich wage
eigene Gedanken zu denken,
meinen Gefühlen zu vertrauen,
neue Pläne zu entwerfen,
an mich zu glauben.

Ich wage
mich selbst zu sehen,
»ich« zu sagen,
meine Wünsche wahrzunehmen
und meine Bedürfnisse zu formulieren.

Ich spüre mich neu;
erfüllt von Hoffnung,
die mich stärkt und ermutigt,
an meine Möglichkeiten zu glauben,
für mich einzustehen.

ZU SICH STEHEN - SAG, WAS DU WILLST!

Die Unnachgiebigkeit des Bartimaios lohnte sich. Weil er sich wehrte, nicht länger annehmen wollte, übersehen, überhört und übergangen zu werden, sondern nur noch lauter schrie, als sie ihm drohten, wurde Jesus auf ihn aufmerksam. Er hielt an, und ließ den Blinden zu sich bringen.
Satz für Satz dieser Geschichte ist wichtig. Jesus hielt an. Er überhörte ihn auch jetzt nicht, da so viele ihm folgten. Er nahm sich des Leidenden an. Immer wieder staunen wir, wie Jesus im Neuen Testament dargestellt wird. Er hielt an, wenn er gebraucht wurde. Er wollte, dass die Menschen gesund werden, keine Angst haben müssen, sondern voll Vertrauen leben können.

Wenn wir uns auf diese Geschichte einlassen, wird es ernst. Wie verhalten wir uns?
Wie verhalten wir uns in ähnlichen Situationen? Genießen wir es, gefeiert zu werden? Genießen wir es so sehr, im Zentrum zu stehen, dass wir die Menschen am Rand nicht mehr hören, nicht mehr sehen? Halten wir an, wenn uns jemand braucht, oder brauchen wir es, umjubelt zu werden?
Es wird kein Wunder geschehen, wenn wir nicht anhalten; der Blinde wird nicht sehen, wenn wir ihn übersehen; der Bedürftige wird nicht bekommen, was er braucht, wenn wir so tun, als wäre alles in Ordnung.

Wir müssen uns genau vorstellen, was in der Geschichte dann erzählt wird.

Jene, die kurz vorher den Blinden aufforderten zu schweigen, jene, die ihm drohten, handelten kurz danach ganz anders. Sie liefen zu ihm hin und ermutigten ihn, zu Jesus zu gehen.
Mir kommt es vor wie Heuchelei, wenn sie jetzt sagen: »Komm, getraue dich!«
Wenn sie ihn jetzt zu Jesus bringen, sind sie ganz dabei, dann werden sie Zeuge eines besondern Moments.

Jesus sprach den Blinden an, und es mag eigenartig erscheinen, dass Jesus fragte: »Was willst du, dass ich dir tun soll?«
Jedem Leser, jeder Leserin ist klar, was dieser Blinde will: Er will wieder sehen.
Warum also diese Frage?
Jesus verlangte vom Blinden etwas, was heute viele mühsam lernen müssen: Er soll sagen, was er will; er soll sagen, was er lange nicht mehr zu sagen getraute. Jesus unterstützte damit das Verhalten des Blinden, indem er sagte: Gut, dass du dich gemeldet hast; gut, dass du dich nicht hast klein kriegen lassen. Gut, dass du für dich einstehst, gut, dass du trotz allem glaubst und vertraust.
Jesus wollte noch mehr. Sogar vor allen Anwesenden, und es war viel Volk, das soeben noch an ihm vorbei gegangen war, forderte er Bartimaios auf zu sagen, was er will.

Es ist eine Stelle, die für uns ganz wichtig, vielleicht sogar lebenswichtig ist.

Wir dürfen, ja wir sollen sagen, was wir brauchen und wir sollen in aller Öffentlichkeit zu uns stehen, damit andere uns verstehen. Oft wäre es einfacher, miteinander gut leben zu können, wenn wir alles sagen würden, welche Bedürfnisse wir haben, was wir brauchen.

Das Verhalten Jesu ist uns Beispiel. Wie er müssten wir manchmal fragen: »Was soll ich für dich tun? Was kann ich jetzt für dich tun?« Wenn wir so auf unsere Mitmenschen zugehen, sie mit ihrer ganzen Not an- und ernst nehmen, werden sie vielleicht sagen, was sie lange nicht mehr zu sagen wagten, was sie so lange verdrängt haben und verdrängen mussten, bis sie es selber nicht mehr wussten.

Der Blinde sagte, was er sich sehnlichst wünschte: »Ich möchte wieder sehen können, wieder neue Möglichkeiten sehen, meine Aufgaben, meinen Weg, meine Verantwortung und vor allem sehen, dass mein Leben sinnvoll ist.« Und Jesus macht keine großen Zaubereien; er sagt nur: »Dein Vertrauen hat dir geholfen.« Was hilft uns, so zu glauben, so zu vertrauen, dass wir nicht aufgeben; dass wir wieder sehen, was wir lange nicht mehr gesehen haben?

Wie können wir aufeinander zugehen, dass in unserm Gegenüber Vertrauen, Selbstvertrauen wächst?

Wir alle, jede und jeder von uns kann dazu beitragen, dass in unsern Mitmenschen Neues möglich wird, dass sie Neues und neu sehen.

Wir alle können dazu beitragen, dass Wunderbares geschieht. Und wir dürfen uns freuen, dass es uns schon dann und wann gelungen ist, Menschen zu helfen, wenn sie nicht mehr weiter kamen.

Stellen wir uns vor, was Menschen gesehen haben.

Er sah diesen Menschen:
ein Häufchen Elend,
den Rücken gebeugt,
die Augen ohne Glanz,
die Hände schlaff,

und er fragte:
»Was willst du?«

Wie konnte er fragen
bei diesem Leid,
dieser Trauer,
dieser Not?

Er fragte
trotz diesem Leid,
trotz dieser Trauer,
trotz dieser Not.

Und er fragte:
»Was soll ich für dich tun?«
Das fragte er diesen Menschen,

der schon lange nichts mehr wollte,
den schon lange niemand mehr wollte,
der nichts mehr wagte zu sagen,
nicht mehr wagte zu fragen,
der so vieles aufgegeben und
beinahe sich selbst aufgegeben hatte.

Und der Mann wagte zu sagen,
was er sich sehnlichst wünschte:
»Ich möchte wieder sehen,
wieder hinsehen,
wieder ansehen,
wieder einsehen.«

Das musste er sagen.
Er musste sagen, was er wollte,
musste zu sich stehen
trotz allem und allen.

Er konnte zu sich stehen
nachdem er vertrauensvoll
angesprochen worden war.

Und Jesus sagte:
»Dein Vertrauen hat gewirkt.
Dein Vertrauen hat dir geholfen.«

Es braucht oft nicht viel, einem Menschern zu helfen, wieder neuen Sinn zu sehen.

Wir müssen anhalten, dürfen die Augen nicht verschließen.

Anhalten,
stehen bleiben,
hören,
wenn jemand ruft;
sehen,
wenn jemand leidet;
helfen,
wenn es jemand braucht.

Anhalten,
stehen bleiben, damit
das Vertrauen größer
und das Leid kleiner wird:

Menschlichkeit wächst.

GEBT IHR, WAS SIE BRAUCHT

Wunder sind des Glaubens liebstes Kind, sagt man. Die Evangelisten berichten nicht nur, wie Jesus Kranke geheilt, Sündern vergeben und Hungrige gespeist hat, sogar Tote werden von ihm auferweckt. Was für die einen Beweis für die Göttlichkeit Jesu ist, macht andern Mühe. Jesus sagt in der Geschichte von der Tochter des Jairus: Das Kind ist nicht tot – es schläft nur. Doch die Leute lachen ihn aus, und er sieht sich gezwungen, die Lachenden hinauszuwerfen.

Wie viel schläft in uns? Wie viel liegt in uns verborgen? Manches ist vielleicht nie geweckt worden. Anderes war einmal lebendig, sehr lebendig, zu lebendig sogar. Das passte andern Menschen nicht, störte sie. So konnte und durfte vieles nicht lebendig bleiben.
Von Josef von Eichendorff stammt der Satz: Schläft ein Lied in allen Dingen, die da träumen fort und fort, und die Welt hebt an zu singen, triffst du nur das Zauberwort.
Wir können mit ermutigenden und ermunternden Worten manches wecken, manches ermöglichen, vieles beleben; wir können mit unsern Worten und unserm Verhalten aber auch manches hemmen oder gar zerstören.

Wie oft können wir hören: Ich halte es hier nicht aus. Ich kann so nicht leben. Es ist nicht zum Aushalten. Nicht immer ist es Härte, die jemanden das sagen lässt. Junge Menschen sagen dies oft, weil sie zu wenig Freiheit haben, weil ihnen zu wenig vertraut und zugemutet wird. Ängstliche

Eltern nehmen ihren Söhnen und Töchtern, was sie ihnen geschenkt haben, die Möglichkeit zu leben und zu erleben.

Vielleicht erging es auch der Tochter des Synagogenvorstehers neben ihrem Vater ähnlich: Ein Mädchen konnte sie nicht bleiben, und eine junge Frau mit all ihren Wünschen und Bedürfnissen durfte sie nicht werden.

DIE TOCHTER DES JAIRUS

Jesus fuhr wieder ans andere Seeufer zurück. Bald hatte sich eine große Menschenmenge um ihn versammelt. Noch während Jesus am See war, kam ein Synagogenvorsteher namens Jaïrus, sah ihn, warf sich vor ihm nieder und bat ihn dringlich: »Meine kleine Tochter ist todkrank. Komm doch und leg ihr die Hände auf, damit sie gerettet wird und am Leben bleibt!« Da ging Jesus mit ihm. [...]
Während Jesus noch sprach, kamen Boten aus dem Haus des Synagogen-vorstehers und sagten zu Jaïrus: »Deine Tochter ist gestorben. Du brauchst den Lehrer nicht weiter zu bemühen.« Jesus hörte mit an, was sie redeten, und sagte zu dem Synagogenvorsteher: »Erschrick nicht, hab nur Vertrauen!« Er ließ niemand weiter mitkommen außer Petrus, Jakobus und dessen Bruder Johannes. Als sie zum Haus des Synagogenvorstehers kamen, sah Jesus schon die aufgeregten Menschen und hörte das laute Klagegeschrei. Er ging ins Haus und sagte: »Was soll der Lärm? Warum weint ihr? Das Kind ist nicht tot - es schläft nur.« Da lachten sie ihn aus. Er aber warf sie alle hinaus, nahm nur den Vater des Kindes und die Mutter und die drei Jünger mit sich und ging in den Raum, in dem das Kind lag. Er nahm es bei der Hand und sagte: »Talita kum!« Das heißt übersetzt: »Steh auf, Mädchen!« Das Mädchen stand sofort auf und ging umher. Es war zwölf Jahre alt. Alle waren vor Entsetzen außer sich. Aber Jesus verbot ihnen nachdrücklich, es anderen weiterzuerzählen. Dann sagte er: »Gebt dem Kind etwas zu essen!«

Mk 5, 21 – 24 und 35 – 43 nach der Gute Nachricht Bibel

DIE TOCHTER DES SYNAGOGENVORSTEHERS

Die Tochter des Synagogenvorstehers, die Hauptperson der kleinen Geschichte, ist zwölf Jahre alt. Das war in der damaligen Zeit das heiratsfähige Alter. Trotzdem wird sie lediglich die Tochter des Synagogenvorstehers genannt, ein Name ist nicht bekannt. Auch die Boten, die Jesus und dem Synagogenvorsteher begegnen, sagen: »Deine Tochter ist gestorben.«

Wie fühlt sich jemand, der lediglich die Frau des ... oder die Tochter des ...ist? Wie fühlt sich jemand, der ganz im Schatten einer andern Person steht?
Dieser jungen Frau ging es offenbar gleich wie Tausenden anderen nach ihr, wie all jenen, die sich besonders beispielhaft verhalten mussten, weil der Vater eine ganz besonders wichtige Position inne hatte. Zu gewissen Zeiten mag er Lehrer oder Pfarrer, Politiker oder Vorsteher eines Vereins gewesen sein, auf alle Fälle eine Persönlichkeit, die beachtet wurde und geachtet sein wollte.
Die junge Frau war wohl der Stolz des Vaters. Vielleicht war sie während Jahren bevorzugt, hatte manches, was ihre Kolleginnen nicht hatten.
Aber sie hatte auch manches nicht, was ihre Kolleginnen genossen: Freiraum und Freiheiten, Gelegenheiten, eigene Erfahrungen zu machen; die Möglichkeit, eigene Wege zu wählen und zu gehen.
Es hätte etwas geschehen können, das dem Ansehen des Vaters geschadet hätte, und das verhinderte er mit allen Mitteln. Die Angst des Vaters engte das Kind über Jahre hin ein.

Es konnte nicht leben wie es hätte leben müssen; es durfte nicht experimentieren und nichts riskieren.

Die Angst des Vaters erstickte Möglichkeiten, ehe sie geboren waren. Nach und nach wird die Tochter gelernt haben, das zu tun, was der Vater will; nur das zu tun, was Vater will. Sie wird es immer weniger gewagt haben, die eigenen Bedürfnisse wahr- und ernst zu nehmen. Wichtiger als das, was sie fühlte und wünschte, war das, was der Vater wollte.
Jedes Versagen wäre ein Verstoß gegen den Vater gewesen; gegen ihn, der alles für sie tat, sie scheinbar verehrte. Weil sie aber immer in seinen Fußstapfen ging und gehen musste, war sie von ihm abhängig. Ein eigenes Selbstwertgefühl, Selbstsicherheit und Selbstvertrauen konnte sie so nicht aufbauen.

Als unsichere Person wagte sie immer weniger. Sie mutete sich nichts zu, immer war da die Angst, es könnte falsch, ihrem Vater nicht genehm sein. Im Bestreben, ihm alles recht zu machen, wurde sie sich selber fremd. Der Maßstab für ihr Tun, lag nicht in ihr selbst, sie orientierte sich am Vater. Wer sich aber selbst nichts zumutet, für den ist das Leben eine Zumutung, unmöglich.

Lange Zeit war die ängstliche Sorge des Vaters erträglich. Das Mädchen musste sich nicht entscheiden, es musste nicht verantworten, sondern lediglich gehorchen; tun, was er

wollte. So aber konnte es nicht bleiben. Diese Situation ermöglichte keine Entfaltung, keine Entwicklung.
In der kleinen Geschichte ist die Tochter zwölf Jahre alt, kein Mädchen mehr. Eine junge Frau durfte sie aber nicht werden; Vater wollte, dass sie das Töchterchen blieb, das sie nicht mehr sein konnte. Seine übergroße Fürsorge engte ein, erstickte, hielt fest, tötete, ohne es zu wollen.

Vielen jungen Frauen geht es auch heute so. Mütter und Väter versuchen sie festzuhalten. Die Töchter können nicht leben wie es ihnen entspricht; sie passen sich an, obwohl es ihnen nicht passt, geben sich auf. Sie müssten sich losreißen, das Leben wählen. Doch vielen fällt das sehr schwer, und vielen gelingt es nicht. Viel Leid könnte erspart werden, wenn wir uns mit unsern Jungen identifizieren würden; wenn wir versuchen würden zu verstehen, was in ihren Seelen und Köpfen vorgeht.

Die Tochter des Jairus könnte gesagt haben:

*Ich bin zwölf Jahre alt.
Vieles, das mich früher fasziniert hat,
interessiert mich nicht mehr.
Ich mag nicht mehr spielen,
wie ich früher gespielt habe.
Oft ziehe ich mich zurück,
versinke in Gedanken,
träume.*

*Ich habe immer wieder Gefühle,
die ich früher nicht gekannt habe.
Vieles kann ich nicht verstehen,
aber es beschäftigt mich;
vieles ist ungemein spannend,
vieles macht mir Angst.*

*Ich bin unsicher, unstet:
Heute so, morgen so.
Den Eltern macht es Mühe,
sie ängstigen sich,
verstehen nicht,
wenn ich mich zurückziehe,
ihnen nicht alles sage,
oft schlecht gelaunt bin
und allein sein will.
Sie machen sich Sorgen um mich,
machen mir Sorgen,*

nehmen mir den Raum,
den ich brauche,
fürchten, ich könnte etwas tun,
das ihnen missfällt.

Es ist ihnen wichtig,
dass ich mich korrekt verhalte,
Beispiel, Musterbeispiel bin.
Sie haben mich gern, sehr gern.
Sie sind stolz auf mich,
wollen stolz auf mich sein,
ihre Tochter,
die ganz so sein soll
wie sie sie haben möchten.
Alle sagen, ich sei die Tochter des Jairus,
die Tochter des Synagogenvorstehers.

Es stimmt,
aber ich bin auch die Tochter meiner Mutter.
Sie ist die Frau des Synagogenvorstehers,
wie sie heißt,
will niemand wissen,
wird niemand wissen.
Ich bin die Tochter des Synagogenvorstehers.

Ich möchte meinen Gefühlen folgen
meinen Fantasien freien Lauf lassen,
junge Männer kennen lernen,
erleben, dass sie mich attraktiv finden.

Doch das geht nicht.
Vater will das nicht, das ist zu gefährlich,
es könnte mir etwas passieren;
ich könnte etwas tun, das ihm nicht gefällt,
das mit seiner Stellung unvereinbar ist.
Es darf nichts geschehen,
was ihm nicht gefällt.

Er hält mich zurück,
sperrt mich ein,
nimmt mir Möglichkeiten.
Er schützt mich -
aus Liebe - sagt er.
Er schützt mich -
vor Angst um sein Ansehen - denke ich.

Er nimmt mir Möglichkeiten,
er nimmt mir Raum,
lässt mich nicht erleben.

Ja, ich erlebe nichts mehr,
verliere die Freude,
sehe keinen Sinn,
habe keine Möglichkeiten,
mag nicht mehr,
will nicht mehr.

Mein Leben ist tot.

Auch heute gibt es viele Töchter, die sagen:

*Du gibst mir Halt,
obwohl ich ihn nicht brauche,
obwohl ich ihn nicht will.
Du hältst mich fest,
du hältst mich gefangen,
nimmst mir Raum,
Erfahrungsraum,
Lebensraum,
und ich versuche zu fliehen.*

*Ich muss und will
Halt sagen,
für mich einstehen,
Grenzen setzen,
meinen Weg gehen,
selbst wagen,
selbst lernen,
leben und erleben.*

*Nimm mir nicht,
was du mir geschenkt hast,
die Möglichkeit zu leben.*

JAIRUS

Jairus ist enttäuscht, er versteht nicht, warum auf einmal alles anders geworden ist.
Die Entwicklung seiner Tochter gefällt ihm ganz und gar nicht. Was werden seine Kollegen sagen, seine Nachbarn, wenn sich seine Tochter auf einmal zurück zieht? Was soll er ihnen antworten? Jairus ist nicht nur enttäuscht. Er ist verunsichert, hat Angst, will seinen Ruf nicht aufs Spiel setzen.
Wie sieht er das?

Ich bin ein Mann der Öffentlichkeit.
Lange habe ich eine untergeordnete Arbeit gehabt:
mein Pflichtbewusstsein,
mein Verantwortungsgefühl,
meine Genauigkeit,
meine Disziplin
haben mir geholfen,
Schritt für Schritt weiter zu kommen,
an Achtung zu gewinnen.

Man kann sich auf mich verlassen,
mein Wort zählt,
mein Name steht für Sicherheit.
Ich bin Vorsteher unserer Synagoge,
ein Ehrenamt,
man hört auf mich,
man sieht mich an,

ich habe Ansehen,
genieße es,
brauche es.

Ich möchte dies auf keinen Fall verlieren.
Auch Neider sollen keine Chance haben.
Ich verhalte mich durch und durch korrekt,
gebe mir Mühe, reiße mich zusammen.
An mir haben sie ein Beispiel
der Rechtschaffenheit und Korrektheit.

Meine Familie ist mein Stolz,
meine Tochter ist mein Alles.
Sie lernt gut,
sie ist schön,
weiß sich zu verhalten.
Sie weiß, was ich brauche:
ein gehorsames, fleißiges,
liebenswürdiges Mädchen;
ein Mädchen, das sich von anderen unterscheidet,
ein Mädchen, das viele bewundern.

Und ich bin ihr Vater,
den man beneidet.
Ich weiß,
dass man auch sie beobachtet.
Sie ist Beispiel,
muss Beispiel sein,
mein Amt mittragen.

Dann und wann muss ich ihr Grenzen setzen:
Ich kann nicht zulassen,
dass sie sich mit Jungen trifft,
abends noch auf der Gasse steht,
sich kleidet wie gewisse andere,
die Haare färbt,
modische Frisuren macht,
laute Musik hört,
irgendwelchen Jargon spricht.

Früher hat sie das eingesehen,
Ich musste sie nur ansehen,
es vielleicht einmal sagen,
nur einmal sagen,
und es war ihr klar, was sie tun musste.

In letzter Zeit ist es schwieriger geworden:
Sie will ihre eigenen Wege gehen,
spricht von Recht,
sagt nein,
trotzt.

Ich habe das bisher nicht gekannt an ihr,
werde es im Keim ersticken,
klar und konsequent.
Ich lasse mir von ihr nicht nehmen,
was ich mir so lange und mühsam aufgebaut habe,
was mir so wichtig ist.
Auch ich kann nicht alles machen:

gerne würde ich manchmal laut lachen,
mit andern in der Wirtschaft sitzen,
einen blöden Witz erzählen,
mich ganz anders kleiden.

Ich würde mich freier fühlen,
aber mein Amt macht es mir unmöglich.
Ich kann das nicht,
und sie darf das nicht.
Sie darf es mir nicht antun.
Sie wird es nicht tun können,
dafür werde ich sorgen.
Sie darf sich nicht leisten,
was ich mir nicht leisten kann.

Ich weiß, sie ist anders geworden:
Sie lacht nicht mehr so viel,
sehr selten sogar.
Sie ist traurig,
wirkt müde,
spricht wenig.

Es tut mir leid.
Aber auch ich leide,
ich kann es nicht zulassen,
dass sie ihren eigenen Weg geht.

Sie kann nicht leben wie sie will.

Das Verhalten seiner Tochter gibt ihm zu denken. Er wirkt hilflos. All seine Versuche, festzuhalten was war, schlagen fehl. Er findet den Kontakt zu seiner Tochter nicht mehr, weil er sie als Mädchen anspricht, obwohl sie doch eine junge Frau geworden ist. Sie kann nicht mehr sein, was sie bisher war; und er lässt sie nicht sein, was sie wirklich ist.

Jairus hat viele Namen, Jairus lebt heute, Jairus hindert auch heute viele Töchter sich zu entfalten, wirklich zu leben. Aus Angst versuchen alle diesen Menschen festzuhalten, was sie loslassen müssten. Aus ängstlicher Liebe ersticken sie, was Raum braucht, ein Fürsorgeterror bringt junge Menschen um - neue Lebensmöglichkeiten. Lieben heißt loslassen können. Liebe lebt von Freiheit. Rabindranath Tagore beschreibt in seinem Gedicht wunderschön, wie ängstliche Liebe, übermäßige Fürsorge leben und wachsen verunmöglichen.

Warum erlosch die Lampe?
Ich hielt meinen Mantel davor,
um sie vor dem Wind zu schützen.
Darum erlosch die Lampe.

Warum verwelkte die Blume?
Ich presste sie an mein Herz
in ängstlicher Liebe.
Darum verwelkte die Blume.
Warum trocknete der Strom aus?

Ich lege einen Damm hindurch,
um ihn mir nützlich zu machen.
Darum trocknete der Strom aus.

Warum zerbrach die Harfensaite?
Ich versuchte ihr einen Ton zu entreißen,
der ihre Kräfte überstieg.
Darum zerbrach die Harfensaite.

Genau das machen Menschen wie Jairus: Sie schützen, wo sie nicht müssen; ersticken, indem sie zu wenig Raum geben; hemmen den Lebensfluss und fordern, was unmöglich ist.

Sie selbst sehen dies anders. Sie lieben ihre Heranwachsenden, wollen nur das Beste für sie. Sie wollen ihnen Schwierigkeiten ersparen und verhindern damit wichtige Erfahrungen, an denen die jungen Menschen erstarken könnten. Sie bezweifeln, dass ihre Heranwachsenden die Probleme und ihre eigenen Möglichkeiten richtig einschätzen, glauben ihnen nicht, vertrauen nicht. Und genau dieses Misstrauen zerstört die Beziehung, verhindert Offenheit, verunmöglicht Gespräch.

Es ist schon erstaunlich, wie in der kleinen Geschichte vom Synagogenvorsteher von Jesus deutlich gesagt wird, was wichtig wäre: »Erschrick nicht, hab nur Vertrauen!« Genau das ist es. Wir dürfen nicht erschrecken, nicht erstarren, uns nicht zurückziehen, sondern annehmen, was ist und vertrauen, den Jugendlichen etwas zutrauen. Wie sollen sie Selbstvertrauen entwickeln, wenn wir ihnen nichts zutrauen?

Eltern, die ihr Kind lieben, müssten deshalb sagen:

Ich möchte,
dass du Halt findest,
deine Wurzeln spürst,
deine Stärken erfährst,
deine Möglichkeiten entdeckst,
deine Visionen ernst nimmst,
deinen Träumen glaubst,
deinen Sehnsüchten folgst.
Ich möchte,
dass du an dich glauben lernst,
zu dir ja sagst
deine Talente einsetzt,
deinen Weg gehst,
deine Grenzen markierst,
zu dir Sorge trägst.

Ich möchte,
dass du wachsen kannst.

DIE FRAU DES JAIRUS

Beim Lesen der Geschichte fällt auf, dass von der Frau des Jairus kaum die Rede ist. Es wird von der Tochter des Jairus gesprochen als hätte diese Tochter keine Mutter. Die Boten kommen aus dem Haus des Synagogenvorstehers. Auch hier kein Wort von der Frau und Mutter. Erst als Jesus im Haus ist, heißt es, er sei mit dem Vater des Kindes und der Mutter und den drei Jüngern in den Raum gegangen, da das Mädchen lag.

Wie muss sich diese Frau fühlen, die zwar da ist, aber kaum erwähnt wird, keine Rolle spielt. Sie sagt nichts. Hat sie nichts zu sagen? Darf sie nichts sagen? Ist sie nichtssagend?

Wir können versuchen, uns mit dieser Frau zu identifizieren.

Ich bin die Frau von Jairus,
die Frau des Synagogenvorstehers.
Alle Leute kennen mich,
viele beneiden mich,
die Frau des Synagogenvorstehers.
Jairus ist anerkannt,
sein Amt zeichnet ihn aus;
er wird beachtet und geachtet.
Jairus weiß und genießt das,
deshalb will er,
dass alles in Ordnung ist,
dass alles klappt.
Man soll ihm nichts vorwerfen können,
er will Beispiel sein,
muss Beispiel sein.
Nur als Beispiel kann er Synagogenvorsteher sein.

Jairus schaut,
dass es mir gut geht,
dass ich gut gekleidet bin,
gut aussehe,
mit allen guten Kontakt pflege,
zuvorkommend und hilfsbereit bin.

Ich muss Beispiel sein,
damit er Beispiel ist,
damit wir alle Beispiel sind:
eine beispielhafte Partnerschaft führen
und eine beispielhafte Familie sind.

Jairus sagt immer wieder:
Man schaut auf uns,
man schaut genau,
was wir tun,
was wir sind.
Deshalb müssen wir
auf uns schauen,
uns kontrollieren,
uns im Griff haben,
auf das und jenes verzichten,
zurückstecken,
tun, was die Leute von uns erwarten,
tadellos sein.

Jairus ist immer und überall Synagogenvorsteher,
überall kontrolliert und korrekt,
zu Hause und unterwegs,
als Nachbar und als Gastgeber,
als Partner und als Vater.
Er ist scheinbar fehlerlos und beispielhaft.

Manchmal spüre ich Aggressionen.
Ich kann nicht immer beispielhaft sein,
ich will nicht immer beispielhaft sein,
aber er verlangt es unerbittlich.
Ich bin die Frau des Beispiels.

Ich habe Bedürfnisse,
die ich nicht haben darf;
ich habe Wünsche,

die ich nicht äußern darf;
ich habe Gedanken,
die ich nicht formulieren darf.
Die Frau, die ich für Jairus sein muss
und die Frau, die ich zutiefst bin,
sind sehr verschieden.
Ich muss etwas sein, das ich nicht bin,
damit er sein kann, was er sein möchte.

Ich muss tun, was Jairus will,
und ich weiß, was er will,
auch, wenn er es nicht sagt:
Sein Amt fordert es,
seine Funktion fordert es,
sein Ansehen fordert es.
Jairus ist gefordert,
Jairus fordert.

Ich wage nicht zu tun,
was mir entspricht;
ich wage nicht zu sein,
was ich zutiefst bin.
Ich gehe seinen Weg,
verleugne mich selbst.

Immer mehr werde ich mir bewusst,
dass ich so nicht länger leben will,
dass ich so nicht länger leben kann.
Immer mehr werde ich mir bewusst,
dass ich Gefangene bin,

mein Leben aufgebe.
Aus Liebe?
Aus Angst?
Aus Bequemlichkeit?
Aus Feigheit?

Immer mehr merke ich,
dass ich unserer Tochter
tatsächlich Beispiel bin.
Ich zeige ihr,
wie man sich zurückstellt,
wie man sich anpasst,
wie man sich aufgibt,
wie man sich verleugnet.

Ich lasse es zu,
spiele die Frau des Synagogenvorstehers.
Wer ich wirklich bin,
darf niemand wissen,
will niemand wissen.
Ich lasse es zu,
spiele, was ich sein muss,
täusche etwas vor,
werde mir selber fremd,
verstecke mein Leiden
hinter verlangter Freundlichkeit.

Ich bin die Frau des Synagogenvorstehers,
Beispiel einer Lebenslüge.

Wie ist es möglich, dass ein Mann seinem Beruf, seinem Amt, seinem Erfolg alles andere unterordnet? Er bestimmt, was gemacht, was unterlassen wird, und er ist überzeugt, dass richtig ist, was er sagt und verlangt. Dann und wann betont er, dass schließlich alle von seinem Erfolg profitieren, dass man sich manches nur leisten könne, weil er so viel leiste. Niemand stellt in Frage, was er befiehlt; niemand widerspricht, niemand wagt zu widersprechen. Das fördert seine Überzeugung, dass es so richtig ist, und er drängt darauf, dass es so bleibt.
Solange die Frau da ist, ihm alles bereit stellt, seinen Wünschen entspricht, seine Bedürfnisse befriedigt, sorgsam darauf achtet, dass er sein Leben leben kann, ist alles in Ordnung. Je länger diese Ordnung besteht, desto selbstverständlicher ist sie für ihn, desto weniger kann er sich vorstellen, dass sich irgendwann etwas ändern könnte.

Was mag der Grund sein, dass eine Frau einen solchen Mann heiratet? Hat sie vielleicht in der eigenen Herkunftsfamilie schon dasselbe erlebt? Hat sich schon ihre Mutter angepasst, untergeordnet, alles in den Dienst ihres Mannes gestellt? Schien sie sogar zufrieden und glücklich? Sah sie ihre Rolle als Dienerin des Mannes und verdiente sie sich den Himmel, indem sie sich ganz und gar für die Kinder aufopferte? Hat dieses Bild von Ehe sie geprägt?
Und hat auch der Mann in seiner Herkunftsfamilie die gleiche Rollenverteilung erlebt? Hat ihm möglicherweise

die eigene Mutter beigebracht, dass er stark wie ein Mann sein müsse, dass er sich nicht wie ein Mädchen verhalten solle, dass ein Mann nicht weint? Lebt er jetzt, was ihm sein Vater in seiner Kindheit vorgelebt hat?

Jede Beziehung hat ihre eigene Geschichte. Außenstehende können oft nicht verstehen, wie Partner einander behindern, dass sich jemand nicht wehrt. Gründe gibt es aber viele. Manche halten in einer Partnerschaft, die mehr Gegeneinander als Füreinander ist, aus, weil sie Angst vor Veränderung haben oder materielle Vorteile aufgeben müssten.

Wir dürfen uns aber selbst nicht aufgeben. Es ist unsere Aufgabe zu entfalten und zu entwickeln, was angelegt ist. Das christliche Hauptgebot sagt auch »Liebe deinen Nächsten wie dich selbst!« Und der heilige Bernhard von Clairvaux mahnt »Wie kannst du voll und echt Mensch sein, wenn du dich selbst aufgegeben hast? Auch du bist ein Mensch. Damit deine Menschlichkeit allumfassend und vollkommen sein kann, musst du also nicht nur für alle andern, sondern auch für dich ein aufmerksames Herz haben.«

Wir dürfen für uns einstehen, wir müssen für uns einstehen, zu uns stehen, sagen, was wir brauchen.

Wenn ich nicht sage,
was ich brauche,
was mich stört,
was mich belastet,
was mich hindert,
fordert dies Kraft,
die mir fehlt,
wenn ich auf dich zukommen,
dir helfen,
dich unterstützen,
dich fördern möchte.

Wenn ich nicht sage,
was ich brauche,
bringe ich mich um Möglichkeiten,
die mein Leben für dich wertvoll
und für mich sinnvoll machen könnten.

JESUS HILFT

Es heißt, Jesus hätte die aufgeregten Menschen gesehen und das Klagegeschrei gehört. Wir können sie noch heute hören. Immer wieder regen sich Menschen auf, wenn etwas nicht so gelingt wie sie es möchten. Viele sehen nur das Negative, sind ganz und gar fixiert, klagen dauernd und stecken einander an. In der Geschichte sagt Jesus den Leuten, es sei gar nicht so schlimm, es sei nicht alles verloren, es gebe neue Möglichkeiten, neues Leben. Doch die Klagenden lachen ihn aus, für sie ist es aus, für sie gibt es keine Möglichkeiten mehr, alle Hoffnung ist weg.

Auch heute ist es oft schwierig, die dauernd Klagenden von etwas anderem zu überzeugen. Eher lachen sie jene aus, die neue Möglichkeiten sehen. Fantasten, Schwärmer, bedauernswerte Idealisten werden sie genannt; Geschöpfe, die den Ernst der Lage nicht sehen.

Haben wir die Kraft, das zu tun, was Jesus getan hat? Er wirft sie hinaus. Er ist überzeugt, dass es in ihrer Anwesenheit keine Möglichkeit gibt, Neues zu schaffen, Totes zurückzulassen, neues Leben zu ermöglichen.

Nur ganz Vertraute nimmt er mit: die Eltern des Kindes, die erleben werden, wie Jesus auf die junge Frau zugeht, zu ihr steht, sie anspricht, berührt, und drei seiner Jünger.

Er geht hinein,
hört das Weinen und Wehklagen.

Das hilft jetzt nicht weiter,
er fährt sie an,
fragt sie, was dieses Weinen soll,
wirft sie hinaus.

Es hat keinen Wert jetzt zu weinen.
es ist zum Weinen,
wenn ein Mensch nicht hat,
was er braucht:

Raum,
in dem er sich entwickeln und entfalten kann,
in dem er experimentieren darf,
in dem nicht alles gelingen muss,
in dem es Fehler geben darf;

Zeit zum Wachsen,
Zeit zum Nichtstun,
Zeit zum Denken,
Zeit zum Fantasieren;
Menschen,
die ihm vertrauen,
ihm etwas zumuten,
ihn anregen,
ihn bestärken.

Er geht zur jungen Frau,
nimmt sie bei der Hand,
nimmt sie an,
schaut sie an,
spricht sie an:

»Steh auf.
Steh auf deinen eigenen Beinen,
nimm deine Möglichkeiten wahr,
geh deinen Weg,
mach, was dir entspricht.«

Genau das braucht es,
genau das brauchen wir alle:
Jemand, der sagt:
»Steh auf deinen eigenen Beinen,
geh deinen Weg,
beanspruche für dich, was du brauchst.«

Das Mädchen steht auf
und geht umher,
weil es ja schon zwölf Jahre alt ist.
So wenig braucht es:
Den andern gehen lassen,
ihn nicht festhalten,
in einfach sein lassen.

Und er sagt ihnen,
sie sollen ihm zu Essen geben;

ihm geben, was es braucht,
damit es sich entwickeln
und wachsen kann.

Zu Essen geben,
das heißt vielleicht auch:
Zeit und Raum geben,
Geduld haben,
sich zurückhalten können,
Vertrauen haben.

Und sie sind außer sich.
Sie können es nicht glauben,
dass es so einfach ist;
dass dieses Mädchen wieder leben kann,
wenn man es leben lässt,
wenn man ihm gibt, was es braucht.

Er aber gebietet ihnen streng,
niemandem etwas zu sagen.
Es darf nicht wieder zur Sehenswürdigkeit werden,
es darf nicht länger die Tochter des Vaters sein.
Die junge Frau muss frei werden,
frei bleiben,
das werden, was sie zutiefst ist,
wenn sie wirklich leben will.

Dieses Wunder muss sich immer wieder ereignen. Wir können so aufeinander zugehen, dass Neues möglich wird. Wir müssen einander Raum geben, einander gehen lassen und vertrauen. Wir müssen einander geben, was wir brauchen. Oft ist das schwierig, oft meinen wir, genau zu wissen, was die andern brauchen, was für sie am besten ist. Wir sollen unsern Weg gehen. Das schließt auch ein, unsere Mitmenschen aufzufordern, sie zu ermutigen, ihren Weg zu suchen und ihn zu gehen, selbst wenn er steil und steinig ist.

Jesus zeigt uns in dieser kleinen Geschichte, wie wir miteinander umgehen müssen.
Er begegnet dieser jungen Frau, wie es ihr entspricht. Er gibt ihr die Freiheit, die sie zum Wachsen braucht. Wenn wir Menschen so begegnen, ermöglichen wir Leben.

Du bist für mich da,
kommst mir nahe,
aber lässt mir Raum;
bietest dich an,
aber drängst dich nicht auf;
sprichst mich an,
aber überredest mich nicht;
reichst mir die Hand,
aber hältst mich nicht fest;
mutest mir etwas zu,
aber überforderst mich nicht;
hörst mir zu

und akzeptierst mein Schweigen.
Du bist für mich da,
ruhig,
geduldig,
du nimmst dir Zeit
und lässt mir Zeit.

Du bist für mich da,
wendest dich mir zu,
begleitest mich
und freust dich,
wenn ich meinen Weg selbst finde.

Du bist für mich da,
neben dir lerne ich,
mich anzunehmen,
an mich zu glauben,
in mir Halt zu finden,
meinen Weg zu gehen,
zu werden, was ich sein kann.

Du bist für mich da,
ich danke dir.

OHNE ANGST LEBEN

Das Gleichnis von den Talenten ist vielen bekannt. Zumindest sprechen wir von talentierten oder weniger talentierten Menschen; von Menschen also, die mehr oder weniger Möglichkeiten haben, wie sie uns im Gleichnis von Matthäus vorgestellt werden. Viele haben aber Mühe mit dem Herrn, der mit dem dritten Diener, der aus Angst sein Geld vergraben hat, so hart ins Gericht geht. Sie können in dieser Geschichte keine frohe Botschaft sehen.

DAS GLEICHNIS VOM ANVERTRAUTEN GELD

»Es ist wie bei einem Mann, der verreisen wollte. Er rief vorher seine Diener zusammen und vertraute ihnen sein Vermögen an. Dem einen gab er fünf Talente, dem anderen zwei Talente und dem dritten eines, je nach ihren Fähigkeiten. Dann reiste er ab. Der erste, der die fünf Talente bekommen hatte, steckte sofort das ganze Geld in Geschäfte und konnte die Summe verdoppeln. Ebenso machte es der zweite: Zu seinen zwei Talenten gewann er noch zwei hinzu. Der aber, der nur ein Talent bekommen hatte, vergrub das Geld seines Herrn in der Erde. Nach langer Zeit kam der Herr zurück und wollte mit seinen Dienern abrechnen. Der erste, der die fünf Talente erhalten hatte, trat vor und sagte: ›Du hast mir fünf Talente anvertraut, Herr, und ich habe noch weitere fünf dazuverdient; hier sind sie!‹ ›Sehr gut‹, sagte sein Herr, ›du bist ein tüchtiger und treuer Diener. Du hast dich in kleinen Dingen als zuverlässig erwiesen, darum werde ich dir auch Größeres anvertrauen. Komm zum Freudenfest deines Herrn!‹ Dann kam der mit den zwei Talenten und sagte: ›Du hast mir zwei Talente gegeben, Herr, und ich habe noch einmal zwei Talente dazuverdient.‹ ›Sehr gut‹, sagte der Herr, ›du bist ein tüchtiger und treuer Diener. Du hast dich in kleinen Dingen als zuverlässig erwiesen, darum werde ich dir auch Größeres anvertrauen. Komm zum Freudenfest deines Herrn!‹ Zuletzt kam der mit dem einen Talent und sagte: ›Herr, ich wusste, dass du ein harter Mann bist. Du erntest, wo du nicht gesät hast, und sammelst ein, wo du nichts ausgeteilt hast. Deshalb hatte ich Angst und habe dein Geld vergraben. Hier hast du zurück, was dir gehört.‹ Da sagte der Herr zu ihm: ›Du unzuverlässiger und fauler Diener! Du wusstest also, dass ich ernte, wo ich nicht gesät habe, und sammle, wo ich nichts ausgeteilt habe? Dann hättest du mein Geld wenigstens auf die Bank bringen sollen, und ich hätte es mit Zinsen zurückbekommen! Nehmt ihm sein Teil weg und gebt es dem, der die zehn Zentner hat! Denn wer viel hat, soll noch mehr bekommen, bis er mehr als genug hat. Wer aber wenig hat, dem wird auch noch das Letzte weggenommen werden. Und diesen Taugenichts werft hinaus in die Dunkelheit draußen! Dort gibt es nur noch Jammern und Zähneknirschen.«

Mk 5, 21 – 24 und 35 – 43 nach der Gute Nachricht Bibel

DAS LEBEN - EIN GESCHENK

Wir alle sind einmalig und einzigartig. Wir wissen von niemandem, nicht einmal von uns selbst, was alles in uns steckt. Wir sind letztlich Geheimnis.
Vieles werden wir im Verlaufe unseres Lebens entdecken und entfalten. Ein wohlwollendes, förderndes Klima unterstützt diesen Prozess. In Momenten der Stille, im Zusammensein mit andern, in der Begegnung mit Aufgaben und Problemen können wir uns kennen lernen.
Es ist wichtig, dass wir uns Zeit für uns selbst nehmen, uns wahrnehmen und annehmen, was ist. Wir sind aufgefordert zu fördern, was angelegt ist, zum Wohl für uns und unsere Mitmenschen. Oft sind wir in Gefahr, mehr auf andere zu hören als auf uns selbst.

Als Erziehende und als Teil einer Gruppe können wir beitragen, damit unsere Kinder und Jugendlichen und unsere Mitmenschen ihre Werte entdecken und sich ihrer freuen, ein Gefühl für ihre Werte bekommen und entwickeln, sich freuen an dem, was sie können, ein gesundes Selbstwertgefühl haben.

Wenn wir beschenkt werden, danken wir. Es ist deshalb auch richtig, dass wir für unser Leben, für alles, was wir haben und sind, danken. Diese Dankbarkeit für das Leben habe ich vor allem bei der Geburt unserer ersten Tochter gespürt. Ich werde den Moment wohl nie vergessen, als ich das Kind zum ersten Mal auf den Arm nehmen durfte, es anschaute und ganz stark spürte: Dieses Kind ist ein Geschenk, uns anvertraut. Es ist unsere Aufgabe, alles zu tun, damit es so werden kann, wie Gott es gedacht hat.

Mit einem wertvollen Geschenk gehen wir sorgsam um. Dankend leben heißt deshalb auch: Jedem geben, was er zum Leben braucht und mit sich selbst gut sein.

Meine Aufgabe ist es,
so zu werden,
so zu sein
wie Gott mich gedacht hat.

Meine Aufgabe ist es
zu spüren,
was im Kern meiner Seele liegt,
ja zu sagen.

Meine Aufgabe ist es,
mich anzunehmen,
mich einzugeben,
zu tun,
was Gott mit mir vorhat.

Still werden,
mich wahrnehmen,
mich meiner Möglichkeiten freuen

und meine Grenzen annehmen,
dankbar sein,
wachsen lassen,
was angelegt ist,
mich einsetzen.

Mich nicht mit andern vergleichen,
werden, was ich sein kann,
meinen Weg gehen,
mein Leben leben.

In der Gegenwart von Menschen, die uns wohlgesinnt sind, wagen wir zu sein, wie wir sind. Wenn wir feinfühlend und behutsam auf andere Menschen zugehen, ihre Möglichkeiten sehen und anerkennen, ermöglichen wir ihnen, dass sie trotz irgendwelcher Zweifel immer mehr zu sich ja sagen.

Du bist du,
einmalig,
einzigartig.

Wenn du
deine Möglichkeiten entdeckst,
sie entfaltest,
dich einsetzt,
hast du deine Aufgabe erfüllt,
auch wenn andere
mehr wissen,
mehr können

und scheinbar mehr sind.
Du bist du,
einmalig,
einzigartig.

Ich will warten,
wohlwollend bei dir sein,
dir Raum und Zeit lassen,
damit du
deine Möglichkeiten sehen,
deine Fähigkeiten erproben,
deine Interessen entdecken,
deine Bedürfnisse äußern,
deine Fragen stellen,
deinen Weg gehen kannst.
Ich will
warten, bis du mich fragst,
verstehen, was du machst,
helfen, wenn du es brauchst,
alles tun,
damit du selber entdecken und erfahren kannst,
wie reich du selber bist.

Es ist eine große und verantwortungsvolle Aufgabe von Erziehenden, die Kinder und Jugendlichen auf ihrem Weg zu begleiten, ihnen zu helfen, ihre Möglichkeiten zu entdecken und ihren Weg zu finden. Eine unserer Töchter bat mich, zur Geburt ihres Kindes einen Text zu schreiben. An der Tauffeier lasen die Eltern den Text.

Wir wissen nicht,
was in dir angelegt ist,
welchen Weg du wählst,
welche Schwierigkeiten dich fordern,
welche Ziele du anstrebst,

aber wir wissen,
dass es unsere Aufgabe ist,
für dich da zu sein,
dich zu begleiten,
dich zu fördern,
dich zu stärken,
dir Raum zu geben,
Grenzen zu setzen
und angemessen zu fordern.

Wir sagen ja,
ja zu dir,
zu deinen Möglichkeiten,
deinem Weg,
deinen Grenzen,

damit sich entfalten kann,
was angelegt ist.
Wir sagen dankbar ja,
ja zu dir.

Was im Zusammensein mit Kindern und Jugendlichen wichtig ist, gilt auch für das Zusammensein von Erwachsenen. Oft bestimmen Menschen über andere, tun so als wüssten sie, was für Mitmenschen richtig und wichtig ist. Beziehungen sind gefährdet, wenn wir einander nicht ehrfürchtig fragend, sondern befehlend begegnen.

WENN DU DICH MIT ANDERN VERGLEICHST, …

Der Herr im Gleichnis hat nicht jedem Knecht gleich viel gegeben. Viele fragen sich, warum er so verteilt hat. Manchen scheint dies ungerecht. Könnte es aber auch sein, dass der Herr jedem so viel anvertraut hat wie ihm entspricht? Er hat nicht allen gleich viel gegeben, aber auch nicht von allen gleich viel erwartet.
Was in diesem Gleichnis steht, entspricht dem, was wir tagtäglich erleben. Wir sind unterschiedlich begabt. Dem einen fällt das Lernen schwer, anderen fällt scheinbar alles in den Schoss; die einen sind sportlich, andere können sich nur mühsam bewegen. Die einen sind gesund, andere kämpfen gegen die verschiedensten Krankheiten; die einen leben neunzig oder mehr Jahre, andere sterben als Jugendliche; die einen sind musikalisch, andere können trotz allem Fleiß keine Sonate spielen. Einige sind erfolgreich, andere scheinen vom Pech verfolgt.
Wie wäre es wohl gewesen, wenn der dritte Knecht nicht gewusst hätte, dass seine Kollegen mehr bekommen haben als er? Hätte er in diesem Fall dankend angenommen und seinen Teil eingesetzt?
Oft ist es doch so, dass jemand sehr zufrieden ist mit dem, was er hat, bis er sieht, dass andere mehr haben, dass es andern leichter fällt, dass sie beliebter sind, mehr Erfolg haben. Sie sehen, was sie nicht haben, übersehen aber, was sie haben.
In einem alten Text heißt es: Wenn du dich mit andern vergleichst, magst du eitel oder bitter werden, denn es gibt immer größere und geringere Menschen als du.

Oft fällt es schwer, auf das Vergleichen zu verzichten. Von Kind an haben wir erfahren, dass unsere Eltern und Lehrpersonen verglichen haben: Wir mussten so schön essen wie der größere Bruder, uns ein Beispiel am Mädchen der Nachbarin nehmen, das so selbstständig spielte. Wer über Jahre hinweg erfahren hat, dass seine Leistung nie genügte, immer mit andern verglichen wurde, wird sich entweder wehren oder alles für bare Münze nehmen und sich dann sagen: Alle andern können es besser, sind besser. Und sie werden immer jemanden finden, der ihre Meinung bestätigt.

Ermutigen wir einander zu akzeptieren, was ist; Freude zu haben an dem, was wir sind. Helfen wir einander, damit wir wagen zu unseren Möglichkeiten, aber auch zu unsern Grenzen zu stehen.
Es gibt viele Menschen, die sich aus irgendwelchen Gründen überfordern. Sie gleichen dem Frosch in Aesops Fabel: Er sieht einen Ochsen und will so groß werden wie er. Darum bläst er sich auf bis er schließlich zerplatzt.
Es braucht oft viel Mut, sich anzunehmen, zu seinen Grenzen zu stehen, ganz wir selbst zu sein. Martin Buber erzählt in einer seiner Geschichten, wenn wir sterben, würden wir nicht gefragt, warum wir nicht Mose gewesen seien. Wir würden gefragt, warum wir nicht wir selbst gewesen seien.
Du musst dich nicht andern vergleichen.
Du bist eine Fantasie Gottes, darfst ganz einfach sein. Das ist frohe Botschaft.

Quäle dich nicht,
indem du
schneller gehst
als dir entspricht;
mehr annimmst
als du erledigen,
mehr versprichst,
als du halten
und mehr auflädst
als du tragen kannst.

Quäle dich nicht,
indem du
dich mit andern vergleichst.
Du bist du,
dein Maßstab liegt in dir.

Wir brauchen andere Menschen, die uns annehmen, zu uns stehen, uns begleiten und immer wieder ermuntern. Sie helfen und ermöglichen uns, zu sein wie wir sind.

Du bleibst bei mir,
spürst meine Zweifel,
verstehst mein Zaudern,
akzeptierst mein Schweigen,
siehst mein Bemühen,
sprichst mich an,
lässt mir Zeit,
hörst mir zu,

sagst ja,
ja zu mir.

Du bist da,
nimmst an, was ist,
und ich merke,
dass es unnötig ist,
mich mit anderen zu vergleichen.

Ich behindere Wachstum,
wenn ich
dir nicht genügend Zeit lasse,
dich zu viel oder falsch fordere,
dir im Weg stehe,
dich an mir messe,
dauernd bewerte und beurteile,
Fortschritte nicht anerkenne.

Ich behindere Wachstum,
wenn ich
dich nicht sein lasse wie du bist;
wenn ich dich nicht tun lasse,
was dir entspricht;
wenn ich dir nicht helfe,
deinen eigenen Weg zu finden;
wenn ich dich nicht ermutige,
deinen Weg zu gehen.

Wenn ich Wachstum behindere,
Entwicklung erschwere,
zerstöre ich Möglichkeiten,
die dir geschenkt sind.

ANGST BEHINDERT UND VERHINDERT

»Ich hatte Angst, deshalb habe ich mein Talent vergraben«, sagt der dritte Knecht im Gleichnis. Er wird bestraft. Der Herr lässt diesen Taugenichts in die Dunkelheit hinaus werfen, wo Heulen, Jammern und Zähneknirschen ist. Vielen macht es Mühe, diese Stelle zu verstehen, finden ungerecht, was hier geschieht, sie sagen: »Dieser Knecht ist von Anfang an benachteiligt. Er bekommt weniger als die andern, achtet darauf, dass ja nichts verloren geht, vergräbt deshalb alles, damit er es dem Herrn schließlich zurückgeben kann.« – Das soll frohe Botschaft sein?

Viele Menschen machen es wie der dritte Diener. Sie setzen sich nicht ein, setzen nicht ein, was sie haben, engagieren sich nicht, übernehmen keinerlei Verantwortung. Sie lassen die andern tun, wollen auf Nummer sicher gehen, riskieren nichts, leben nicht. »Nichts riskieren, das heißt, seine Seele aufs Spiel setzen«, sagte Kirkegaard und Erich Kästner meinte: »Nichts riskieren ist das größere Risiko.«

Menschen, die ihre Möglichkeiten nicht einsetzen, haben auch keinen Erfolg, keinen Grund zur Freude. Immer stärker wächst ihr Bewusstsein, alle andern könnten alles besser, seien besser. Weil sie nichts wagen, nichts tun, wird diese Ansicht auch bestätigt. Sie führen ein jämmerliches Leben, werden immer trauriger und hadern mit dem Schicksal, das es offenbar so schlecht mit ihnen meint. Für sie ist es die reine Hölle.

Gegen diese Angst kämpft Jesu. Er fordert die Menschen auf: »Setzt ein, was ihr habt. Alle haben genug. Wichtig ist nicht, wie viel und was ihr habt. Wichtig ist, dass ihr einsetzt, was euch geschenkt ist. Es ist durchaus möglich, dass manches nicht gelingt; es muss nicht alles gelingen. Schlimm ist vor allem, wenn ihr aufgebt, euch aufgebt, nicht lebt.«

Angst ist auch bei uns weit verbreitet. Wie viele Menschen sagen: Ich könnte schon, aber ich wage es nicht. Ich habe Angst, ausgelacht zu werden; Angst Fehler zu machen; Angst dumm dazustehen. Sie machen nur das, was sie schon immer gemacht haben, lernen so nichts Neues dazu. Schlechte Erfahrungen im Elternhaus, in der Schule, in Freizeitgruppen haben sich tief eingeprägt und gelähmt. Diese Menschen muten sich nichts zu, empfinden das ganze Leben als Zumutung. Ein solches Leben ist zum Heulen.

Noch immer gibt es Erziehende, die drohen und ängstigen. Angst aber fördert Entwicklung nicht, Angst hemmt.

Jesus fordert uns auf, das Leben zu wagen. Wir sollten nicht erst als 85-Jährige zur Einsicht kommen, die Jorge Luis Borges formuliert:

»Wenn ich mein Leben noch einmal leben könnte, im nächsten Leben, würde ich versuchen, mehr Fehler zu machen. Ich würde nicht so perfekt sein wollen, ich würde mich mehr entspannen. Ich wäre ein bisschen verrückter, als ich es gewesen bin, ich würde viel weniger Dinge so ernst nehmen.

Ich würde mehr riskieren würde mehr reisen, Sonnenuntergänge betrachten, mehr bergsteigen, mehr in Flüssen schwimmen. Ich war einer dieser klugen Menschen, die jede Minute ihres Lebens fruchtbar verbrachten; freilich hatte ich auch Momente der Freude, aber wenn ich noch einmal anfangen könnte, würde ich versuchen, mehr gute Augenblicke zu haben. Falls du es nicht weißt, aus diesen besteht nämlich das Leben; nur aus Augenblicken. Vergiss nicht den jetzigen. Wenn ich noch einmal leben könnte, würde ich von Frühlingsbeginn an bis in den Spätherbst hinein barfuss gehen. Und ich würde mehr mit Kindern spielen, wenn ich das Leben noch vor mir hätte. Aber sehen Sie ... ich bin 85 Jahre alt und weiß, dass ich bald sterben werde.«

Aus Angst,
nicht geliebt zu werden,
sagen,
was andere hören wollen;
tun,
was andere sehen wollen;
schweigen,
wenn andere es verlangen,
gehen,
wenn andere es fordern;
bleiben,
so lange es anderen entspricht.

Aus Angst,
nicht geliebt zu werden,

die eigenen Möglichkeiten nicht nutzen,
sich aufgeben,
fremd werden
und sich verlieren.
Aus Angst nicht geliebt zu werden
nicht mehr liebenswert sein.

Ist es nicht zum Heulen,
wenn Menschen aus lauter Angst

nichts sagen,
obwohl es hilfreich wäre;

nicht helfen,
obwohl sie es könnten;

nichts beitragen,
obwohl sie kompetent sind;

nicht teilnehmen,
obwohl sie Zeit haben;

nichts vorschlagen,
obwohl sie Möglichkeiten sehen?

Ist es nicht zum Heulen
wenn Menschen sich vorenthalten?

Ist Sünde vielleicht
nicht das Übertreten irgendwelcher Gebote,
sondern
das Negieren der eigenen Möglichkeiten,
das Vergraben der eigenen Talente,
das Ignorieren der eigenen Grenzen,
das Fliehen vor der Verantwortung?

Sündigen wir vielleicht,
wenn wir uns nicht bemühen,
das zu werden,
was wir letztlich sein können,
wenn wir nein sagen,
nein zu uns selbst,
uns nicht einsetzen,
so schuldig bleiben,
was wir geben könnten?

Angst vor
Kontakten,
Experimenten,
neuen Plänen und Zielen

Angst vor
Misserfolg,
Fehlern,
Risiken

lassen vergraben,
was du entwickeln,
einsetzen
und sein könntest.
Angst bringt dich um
- deine Möglichkeiten.

EINANDER WOHLWOLLEND BEGEGNEN

Wie muss die Atmosphäre sein, dass wir neue Schritte wagen; etwas tun, obwohl wir nicht sicher sind, dass es gelingt; etwas sagen, ohne zu wissen, ob es ganz richtig ist?

Im Zusammensein mit Kindern habe ich immer wieder erfahren, wie wichtig es ist, ganz präsent zu sein. Wenn wir die feinen Signale wahrnehmen, auf das Kind reagieren, fühlt es sich an- und ernst genommen. Es spürt, dass wir es verstehen möchten. Das gibt ihm Sicherheit und Mut, Neuland zu betreten.

Wenn wir Anteil nehmen, sehen und hören, was es beschäftigt, behutsam auf es eingehen, wird es sich mitteilen. Manchmal kann es schwierig sein, ein Kind zu verstehen. Gerade in solchen Momenten ist es wichtig, dass wir geduldig sind, feinfühlig nach- fragen und sagen, was wir verstanden haben. Kinder zeigen uns viele Dinge, die sie gefunden, gezeichnet, gebastelt haben. Wir fördern sie, wenn wir unsere Freude zeigen und mit ihnen ihr Werk ansehen, sie erzählen lassen, was sie sich dabei gedacht haben. Kinder stellen oft Fragen, die uns überraschen. Sie werden Fragende bleiben, wenn wir sie ernst nehmen und mit ihnen Antworten suchen.
Jedes Kind stößt dann und wann auf Lernwiderstände: Es kommt nicht weiter. In solchen Situationen müssen wir angemessen helfen; nichts tun, was das Kind selber kann, sondern Impulse geben, die Selbsthilfekräfte wecken. Es sind

für das Kind sehr schöne und wichtige Erfahrungen, wenn es an der Seite von Erwachsenen neue Wege suchen und gehen kann; wenn es spürt, dass es begleitet und unterstützt, ermutigt und gestärkt wird; wenn es neben Erwachsenen, die ihm etwas zumuten, Schritte machen kann.

Mit den Kindern leben und wachsen, die Kinder wohlwollend fördern und angemessen fordern, fordert uns selbst. Wir werden dieser Forderung am ehesten entsprechen, wenn es uns gut geht, wenn wir Quellen haben, aus denen wir immer wieder schöpfen können.

Auch im Zusammenleben mit Erwachsenen können wir immer wieder erleben, wie Neues möglich wird, wenn die Atmosphäre gut ist, wenn die Beziehung stimmt. In Beratungssituationen erlebe ich oft, wie wichtig das Zuhören ist. Die Erfahrung, da ist jemand, der verstehen will; der nicht hört, was er hören will, sondern, was ich sagen möchte, ermöglicht neue Schritte. Vielen Menschen fällt es sehr schwer, aufmerksam zuzuhören. Sie fallen anderen ins Wort, unterbrechen und zerstören so zaghafte Versuche.

Wir alle können dazu beitragen, dass unsere Mitmenschen Schritte wagen. Je mehr sich Menschen einsetzen, je mehr sie beitragen, desto reicher, vielfältiger, bunter wird unser Zusammensein.

Jesu Gleichnis fordert uns auf, uns einzusetzen, beizutragen, damit Angst keine Chance hat. Wenn wir in unseren Gemeinschaften eine wohlwollende Atmosphäre schaffen, fühlt sich niemand hinausgeworfen. Für niemanden ist es dunkel, niemand muss heulen und vor lauter Schmerz mit den Zähnen knirschen.

Ich will für dich da sein

dir den Raum geben,
den du zum Wachsen brauchst;

dir feinfühlig helfen,
damit du deinen Weg findest;

dich behutsam begleiten,
damit du unterwegs bleibst;

dich immer wieder bestärken,
damit du Hindernisse angehst;

dich ermutigen,
wenn du an dir zweifelst;

mit dir anpacken,
wenn du zu schwach bist;

dir immer wieder sagen,
dass du einmalig bist.

Wir ermutigen und stärken,
wenn wir
einfühlsam da sind:
die Fähigkeiten sehen,
Bemühungen fördern,
Tatkraft unterstützen,
mit Mängeln rechnen,
bei Schwierigkeiten helfen,
auf Fortschritte hinweisen,
Leistungen anerkennen
und uns an Erfolgen freuen.

Es hat keinen Wert zu warten,
bis andere kommen und helfen.
Wir müssen es tun.

Es hat keinen Wert zu warten,
bis Gott eingreift und hilft.
Wir müssen es tun.
Wir müssen auf andere zugehen,
ihnen geben, was sie brauchen,
eine wohlwollende Atmosphäre schaffen,
damit Schwache stark,
Ängstliche mutig,
Traurige froh,
Bedrückte frei werden.

Eine fördernde Atmosphäre ist eine Atmosphäre des Vertrauens.

Ich habe Vertrauen zu dir,
du siehst,
lässt mich aber selbst sehen,
du hörst,
lässt mich aber selbst hören,
du entscheidest,
lässt mich aber selbst entscheiden,
du stehst,
lässt mich aber selbst stehen,
du gehst,
lässt mich aber selbst gehen,
du bist und lässt mich sein.

Ich habe Vertrauen zu dir,
du hast Ideen,
drängst sie mir aber nicht auf,
du hast eine Antwort,
lässt mich die meine aber selber finden,
du hast eine Meinung,
weißt aber, dass es lediglich deine ist
du weißt einen Rat,
freust dich aber, wenn ich ihn nicht brauche,
du siehst einen Weg,
akzeptierst aber, dass ich den meinen gehen muss.

Ich habe Vertrauen zu dir,
du vertrittst deine Ansicht
und anerkennst meine Ansätze,
du lernst

und verzichtest darauf, mich zu belehren,
du forderst dich
und suchst Wege, mich zu fördern,
du lässt mich los,
damit ich mich selber finden kann.

Ich habe Vertrauen zu dir,
deine Wärme,
deine Ruhe,
deine Sicherheit,
deine Bescheidenheit,
deine Geduld,
dein Verständnis
lassen mich immer mehr entdecken,
was und wer ich bin,
was und wer ich sein kann.

Sie geben mir Mut und Zuversicht,
zu mir ja zu sagen,
mich ganz zu entfalten,
ganz zu sein.

Ich habe Vertrauen zu dir,
ich bin dankbar,
dass ich neben dir wachsen kann.

WIR ALLE SIND BESCHENKTE

Wir alle sind Beschenkte,
wir haben nicht dasselbe bekommen wie unsere Mitmenschen,
nicht gleich viel.
Aber wir alle haben so viel wie wir zum Leben brauchen,
haben deshalb allen Grund,
dankbar zu sein.
Wir können uns mit anderen vergleichen,
dabei stolz oder neidisch,
überheblich oder unzufrieden werden.
Aber dieses Vergleichen bringt nichts,
unser Maßstab liegt in uns.

Es ist wichtig,
dass wir unsere Talente einsetzen,
nicht irgendwann und irgendwo,
sondern auch hier und jetzt.

Ich kann mich einsetzen
oder mich vorenthalten.
Wenn ich mich einsetze,
ist es nicht sicher,
dass alles gelingt.
Wenn ich mich einsetze,
setze ich mich auch aus.

Ich bin für mich verantwortlich:
für die Erfüllung meiner Wünsche,

für meine Entscheidungen und mein Handeln,
mein Reden und mein Schweigen,
für die Gestaltung dieser Zeit.
Ich kann meine Talente einsetzen,
dazu beitragen, dass die Welt reicher wird.
Ich kann sie auch vergraben,
nur vom Reichtum anderer profitieren.
Ich kann bei anderen betteln gehen
oder in mich sehen
und staunen wie reich ich selber bin.

Ich kann mithelfen,
dass unser ein Leben ein Fest wird
oder aber versuchen, auf Kosten anderer zu leben.
Ich kann es anderen überlassen,
diesen Raum und diese Zeit zu gestalten,
muss dann aber traurig feststellen,
dass ich letztlich nicht dazu gehöre,
keinen Anteil habe,
weil ich meinen Anteil nicht leiste.

Es liegt auch an mir,
ob unser Miteinander bereichert
oder ob es zum Heulen ist.

Wenn ich mich verantwortungsvoll eingebe,
gebe ich vielleicht genau das,
was dir hilft,
dich hier wohl zu fühlen,

dich einzugeben,
deinen Teil beizutragen.

Es liegt an uns,
ob wachsen kann, was angelegt.

AUFSTEHEN UND LEBEN

Wir alle machen Fehler, beeinträchtigen und verletzen Mitmenschen, auch wenn wir dies nicht wollen. Wir alle sind Mitmenschen vieles schuldig geblieben.

Wir alle sind aber auch von andern beeinträchtigt, verletzt worden. Oft ohne dass unsere Mitmenschen uns verletzen wollten, vielleicht manchmal auch absichtlich. Über manche Verletzungen können wir leicht hinweggehen, andere schmerzen uns lange und sehr stark. Solche Verletzungen belasten, stören oder zerstören gar Beziehungen. Meistens fühlen sich alle unzufrieden: Diejenigen, die nicht vergeben können und diejenigen, denen nicht vergeben wird.

Oft kommt es auch vor, dass Menschen für alles und jedes schuldig gemacht werden. Ihre Mitmenschen sehen an ihnen vor allem das Negative, sie werden immer zuerst als die möglichen »Täter« vermutet, Fehler werden ihnen immer wieder vorgehalten. Solche Menschen sind möglicherweise zutiefst verunsichert; sie wagen nichts mehr, setzen sich nicht mehr ein, gehen auf Distanz und werden erneut schuldig. Ihr Leben wird zur Qual.

In der christlichen Religion hat das Vergeben eine wesentliche Bedeutung. In der sogenannten Feldrede sagt Jesus: »Seid barmherzig, wie auch euer Vater barmherzig ist. Und richtet nicht, so werdet ihr auch nicht gerichtet. Verdammt nicht, so werdet ihr nicht verdammt. Vergebt, so wird euch vergeben.« (Lukas 6, 36f.) Und im Vaterunser heißt es: »Und vergib uns unsere Schuld, wie auch wir vergeben unsern Schuldigern.« (Matthäus 6, 12)

Wir alle wissen, dass es manchmal sehr schwer fallen kann, einander zu vergeben.
In der Geschichte vom Gelähmten in Kafarnaum sehen wir einerseits, dass Schuldgefühle lähmen können, andererseits zeigt uns Jesus, wie wir einander vergeben können; wie viel Vergebung bewirken kann.
Oft scheint es uns nicht möglich, zu handeln wie er handelt. Diese Geschichte fordert uns aber auf, dem Beispiel Jesu zu folgen. Und wir dürfen uns freuen, wenn es uns dann und wann zumindest ansatzweise gelingt. Unsere Beziehungen könnten sich wunderbar verändern.

JESUS HEILT EINEN GELÄHMTEN

Einige Tage später kam Jesus nach Kafarnaum zurück, und bald wusste jeder, dass er wieder zu Hause war. Die Menschen strömten so zahlreich zusammen, dass kein Platz mehr blieb, nicht einmal draußen vor der Tür. Jesus verkündete ihnen die Botschaft Gottes. Da brachten vier Männer einen Gelähmten herbei, aber sie kamen wegen der Menschenmenge nicht bis zu Jesus durch. Darum stiegen sie auf das flache Dach, gruben die Lehmdecke auf und beseitigten das Holzgeflecht, genau über der Stelle, wo Jesus war. Dann ließen sie den Gelähmten auf seiner Matte durch das Loch hinunter. Als Jesus sah, wie groß ihr Vertrauen war, sagte er zu dem Gelähmten: »Mein Kind, deine Schuld ist vergeben!« Da saßen aber einige Gesetzeslehrer, die dachten bei sich: »Was nimmt der sich heraus! Das ist eine Gotteslästerung! Nur Gott kann den Menschen ihre Schuld vergeben, sonst niemand!« Jesus erkannte sofort, dass sie das dachten, und fragte sie: »Was macht ihr euch da für Gedanken? Was ist leichter – diesem Gelähmten zu sagen: Deine Schuld ist dir vergeben, oder: Steh auf, nimm deine Matte und geh umher? Aber ihr sollt sehen, dass der Menschensohn die Vollmacht hat, hier auf der Erde Schuld zu vergeben!« Und er sagte zu dem Gelähmten: »Ich befehle dir: Steh auf, nimm deine Matte und geh nach Hause!« Der Mann stand auf, nahm seine Matte und ging vor aller Augen weg. Da waren sie alle außer sich; sie priesen Gott und sagten: »So etwas haben wir noch nie erlebt!«

Markus 2, 1–12 nach der Gute Nachricht Bibel

GELÄHMT WERDEN UND GELÄHMT SEIN

Ich freue mich an meinen Enkeln, staune über ihre Lebendigkeit, ihre Einfälle und Ausdauer. Immer muss etwas geschehen. Oft bin ich es, der nicht mehr mag. Viele Erwachsene, die als Kinder ebenso lebendig waren, haben kaum mehr Lebensfreude; ihr Blick ist müde, sie sehen ihren Mitmenschen kaum in die Augen, sagen nicht, was sie denken und fühlen, ergreifen keine Initiativen, nehmen kaum Anteil am Geschehen, reagieren nicht. Sie haben kein Selbstvertrauen, kein Selbstwertgefühl, fühlen sich in Anwesenheit anderer unsicher, wagen nichts. Weil sie nichts riskieren, nur tun, was sie unbedingt tun müssen, haben sie nur wenig Erfolg, keine Anerkennung, und sie sehen sich in ihrer Annahme, dass sie eben für niemanden wichtig und bedeutsam sind, bestätigt. Das führt dazu, dass sie immer weniger wagen, sich immer weniger bewegen. Weil von ihnen wenig kommt, kommt auch niemand auf sie zu. Wie fühlen sich solche Menschen? Fühlen sie noch, oder haben sie das Gefühl für ihre Gefühle ganz verloren?

Ich erinnere mich an eine Frau, die sagte, sie hätte sich nichts mehr zugemutet, das Leben vielmehr als eine Zumutung erfahren. Diese Frau wollte nicht mehr leben, das Dasein war ihr unendliche Last. Wie kommt es, dass Menschen den Mut verlieren, nach und nach nichts mehr wagen, sich kaum mehr bewegen, die Lebendigkeit und Lebensfreude verlieren? Wurde von ihnen zu viel verlangt, hat man sie überfordert statt gefördert? Haben ihre Mitmenschen nur auf Fehler und Mängel hingewiesen statt Fortschritte gesehen und Freude am Erreichten gezeigt? Hat dies alles dazu geführt, dass sie nichts mehr wagten, um ja keinen Fehler zu machen?

In der Geschichte von der Heilung eines Gelähmten in Kafarnaum wird vorerst gar nichts Genaueres über diesen Mann gesagt. Wir wissen nur: Er ist gelähmt, kann nicht mehr gehen, ist auf Mitmenschen angewiesen.

Die Angst,
Falsches zu sagen,
Fehler zu machen,
Wichtiges zu vergessen,
nicht verstanden,
belächelt,
verspottet zu werden,
hemmt,
lähmt.

Mutlos,
teilnahmslos
ziehe ich mich zurück,
sage nichts,
sehe nichts,
mache nichts,
bewege nichts,
leide einsam.

Ich kann mir vorstellen,
dass du nichts mehr wagst,
weil man das Positive übersah
und das Negative hervorhob.

Ich kann mir vorstellen,
dass du nichts mehr machst,
weil man dich belächelte
und vor andern verspottete.

Ich kann mir vorstellen,
dass du nicht mehr an dich glaubst,
weil man dir die Schuld zuschob
und mit Fingern auf dich zeigte.

Ich kann mir vorstellen,
dass du nicht mehr magst,
weil man dich überforderte
und du keinen Sinn mehr sahst.

Ich kann mir vorstellen,
dass du gelähmt bist,
weil niemand an dich glaubte
und die Hoffnung gestorben ist.

Die Hinweise,
es anders zu versuchen;
die Vorschläge,
es nochmals zu tun;
die Anweisungen,
es besser zu machen;
die Aufforderungen,
genauer zu schauen;
die Erwartungen,
keine Fehler zu machen;
die Äußerungen,
das sei ungenügend;
die Vergleiche,
die andern könnten es besser;
die Ansicht,
das gehöre sich nicht,
haben mich verunsichert,
verletzt, gekränkt, gelähmt.

Jetzt, da ich unfähig bin,
etwas zu sagen, etwas zu tun,
fragt ihr euch,
was mir fehlt.

Aus Angst,
wieder etwas falsch zu machen,
wieder nicht zu genügen,
wieder zu versagen,
wieder bestraft zu werden,
keinen Schritt wagen,
keine Antwort geben,
keine Fragen stellen,
keine Entscheidungen treffen.

Aus Angst,
wieder etwas falsch zu machen,
nichts wünschen,
um nichts bitten,
nichts geben.

Die Angst,
wieder nicht zu genügen,
wieder nicht zu entsprechen,
wieder zu spät zu kommen,
wieder falsch zu reagieren,
behindert,
schränkt ein,
lähmt.

Als Gelähmter
werde ich nicht genügen,
wieder nicht entsprechen,
zu spät kommen,
nicht mehr reagieren.
Auch das macht mir Angst.

HELFEN UND HELFEN LASSEN

Markus sagt nicht viel von den vier Männern, die den Gelähmten zu Jesus bringen, obwohl sie sehr wichtig sind, uns zeigen, was wir tun müssen, wenn das Wunder geschehen soll. Hätten sie nur an sich selbst gedacht, versucht, möglichst schnell zu Jesus zu kommen, um ja nichts zu verpassen, hätte Jesus nichts tun können. Diese Männer haben die Not dieses Mannes gesehen und sich berühren lassen. Sie konnten den Gelähmten nicht heilen, glaubten aber, dass Jesus es kann. Dieses Vertrauen hat sie ermutigt, sich einzusetzen.

Vielleicht glaubte der Gelähmte selbst nicht mehr an Heilung, vielleicht hatte er bereits aufgegeben, sich aufgegeben. Immer wieder begegnen wir Gelähmten; Menschen, die nur mehr wenig oder gar nichts mehr wagen; Menschen, die das Vertrauen verloren haben und voller Schuldgefühle sind. Sie brauchen Mitmenschen, die auf sie zugehen, zu ihnen stehen und ihnen das Gefühl geben, angenommen und getragen zu sein. Sie brauchen Menschen, die ihnen helfen.

Manchmal sind wir vielleicht unsicher, ob wir wirklich helfen können. Wir erwarten zu viel von uns, zweifeln an unsern Möglichkeiten, tun nichts. Andererseits ist es oft gar nicht so einfach, sich helfen zu lassen; zuzugeben, dass wir schwach sind, selber nicht mehr weiter kommen, andere brauchen. Fulbert Steffensky sagte einmal: »Mit der Kunst, sich brauchen zu lassen, hängt eine andere zusammen: die Kunst, jemanden zu gebrauchen. Ich

halte sie für die viel schwerere Kunst. Es gibt Menschen, die jederzeit für andere da und bereit sind; die selbstlos jedem Hilferuf folgen, die sich aber schwer damit tun, selber andere zu bitten und in Anspruch zu nehmen.« Und Martin Buber schrieb: »Die Lösung des Lebens ist: gib und nimm. Jeder Mensch soll ein Spender und Empfänger sein. Wer nicht beides in einem ist, ist ein unfruchtbarer Baum.«
Wenn wir unsern Mitmenschen sagen, dass wir sie brauchen, geben wir ihnen die Chance, Gutes zu tun. Und wir können dazu beitragen, dass unsere Mitmenschen ihre Lebensfreude behalten, sich sicher und gut fühlen, wenn wir ihnen wohlwollend begegnen.

Oft ist es nicht leicht
zu zeigen, dass ich
nicht mehr mag,
mich nicht getraue,
allein nicht weiter komme,
ganz und gar unfähig bin.

Oft ist es nicht leicht,
andere zu fragen,
was ich nicht weiß,
andere zu bitten,
wenn ich etwas brauche.

Oft ist es nicht leicht,
anzunehmen, dass andere
mich stützen,
mich tragen,
mir helfen,
Neues ermöglichen.

Oft ist es nicht leicht
anzunehmen, was ist.

Helfen, wenn ich auch
wegsehen,
weglaufen,
anderes tun könnte;

helfen,
obwohl ich nicht sicher bin,
ob ich fähig bin
dir das zu geben, was dir entspricht:

helfen, damit
die Not kleiner wird,
du wieder Möglichkeiten siehst
und neue Schritte wagst.

Wir brauchen Menschen,

die bei uns stehen bleiben,
wenn wir nicht mehr gehen können;

die uns stützen,
wenn wir nicht mehr stehen können;

die uns tragen,
wenn wir keine Kraft mehr haben;

die für uns einen Weg bahnen,
wenn uns alles versperrt ist;
die unsere Anliegen unterstützen,
wenn wir allein zu schwach sind;

die sich für uns einsetzen,
wenn alles verloren scheint.

Wir brauchen Menschen,
die uns annehmen,
wie wir sind,
damit etwas Neues entstehen kann.

VERTRAUENSVOLL WIDERSTÄNDE ÜBERWINDEN

Markus erzählt kurz und klar, was die Männer machten, nachdem sie wegen der großen Menschenmenge nicht bis zu Jesus vordringen konnten. Wenn wir uns die Situation genauer vorstellen, wird uns erst klar, wie wichtig dieses Verhalten ist.

Ich stelle mir vor, sie waren voller Freude, als sie den Gelähmten auf der Bahre zu Jesus trugen. Sicher waren sie gespannt und hofften, Jesus würde ihrem Kranken helfen, und sie stellten sich wahrscheinlich auch vor, wie die andern Leute schauen würden, wenn sie mit dem Gelähmten kommen. Alles war gut geplant.

Wie groß muss die Enttäuschung gewesen sein! War alle Mühe umsonst? Warum ließen die andern Leute sie nicht durch? Was war es, das den Männern den Mut gab, diesen ungewohnten Weg zu wählen, das Dach aufzureißen und den Gelähmten so zu Jesus zu bringen?

Oft geht es uns ähnlich. Wir haben eine Idee, sind begeistert, haben uns sorgfältig vorbereitet und freuen uns zu verwirklichen, was wir geplant haben. Doch die Freude ist von kurzer Dauer. Es zeigen sich Schwierigkeiten, Widerstände. Alles scheint umsonst zu sein, die Mühe hat sich nicht gelohnt. Wir neigen dazu aufzugeben.

Was hilft uns in solchen Momenten, unser Ziel zu verfolgen, beharrlich zu sein? Die Männer in der Geschichte vertrauen so sehr, dass Jesus dieses Vertrauen nicht übersehen kann. Auch wir brauchen das Vertrauen, dass es

sich lohnt, die Widerstände zu überwinden, neue, vielleicht ungewohnte Wege zu gehen.
Wir dürfen nicht erwarten, dass den andern alles gefällt, was wir tun. Einige werden den Kopf schütteln, andere sich an die Schläfe tippen, wieder andere staunen, was uns einfällt. Wir werden auf Widerstand der Umstehenden stoßen, wenn wir Widerstände überwinden wollen. Aber, wir werden einen Weg finden, wenn wir genügend Selbstvertrauen haben und das Ziel uns wirklich wichtig ist. Es wird uns wesentlich leichter fallen, diesen Weg auch zu gehen, wenn wir nicht alleine sind, sondern mit Mitmenschen die Schwierigkeiten überwinden.

Das große Vertrauen
gibt ihnen die Kraft,
die Hindernisse zu überwinden,
die Probleme zu lösen,
Normen in Frage zu stellen,
ihren Weg zu gehen,
dem Menschen zu helfen,
Wunderbares zu ermöglichen.

Es braucht viel Kraft
und einen großen Glauben,
nicht aufzugeben,
neue Wege zu suchen
und sie auch zu gehen,

wenn in Frage gestellt wird,
was bisher gültig war;
wenn Vorschläge abgelehnt werden,
die wir wohl bedacht haben;
wenn Pläne durchkreuzt werden,
die uns bisher hilfreich waren;
wenn Antworten nicht genügen,
die bisher weiter führten,
und belächelt wird,
wenn wir uns einsetzen.

Nicht aufgeben,
weil der Weg versperrt
und die Türen verschlossen;
deine Bitte überhört
und dein Vorschlag belächelt;
dein Vorschlag ignoriert
und dein Angebot verschmäht;
dein Bemühen übersehen
und deine Lösung verachtet wird.

Nicht aufgeben,
dich nicht aufgeben,
sondern voll Vertrauen
in Frage stellen,
was du noch nie bezweifelt;
Ideen prüfen,
die du noch nie geprüft;
Pläne schmieden,
die du noch nie geschmiedet hast;
und dann Wege gehen,
die du noch nie gegangen bist.

Trotz allem das Ziel erreichen.

EINANDER VERGEBEN

Stellen wir uns diese Situation vor: Der Gelähmte liegt vor Jesus auf der Bahre. Er sagt nichts, bewegt sich nicht, wagt nichts. Ringsum die staunenden Männer und Frauen, die gespannt sind, was jetzt passiert. Jesus sieht den Lahmen und sieht das Vertrauen der helfenden Männer. Er schaut den Gelähmten an und hat Mitleid mit ihm. Vielleicht hat sich Jesus gefragt: Wie ist es dazu gekommen, dass du dich nicht mehr bewegen, nichts mehr wagen und unternehmen kannst? Wie schlimm muss es sein, wenn man sich ganz und gar unfähig fühlt, den Mitmenschen dauernd zur Last fällt, sich gegenüber allen schuldig fühlt?

Und jetzt sagt Jesus das, was viele nicht fassen können und nicht annehmen können: Deine Schuld ist dir vergeben. Jesus verlangt vom Gelähmten nicht, dass er sagt, was er gemacht hat, wie oft und warum er etwas gemacht hat. Er vergibt. Es scheint, als spüre Jesus die unheimlich erdrückende und lähmende Last von Schuldgefühlen und sage: Lege das alles ab. Du darfst neu anfangen, niemand hat das Recht, dir Schuldgefühle zu machen.

Schuldgefühle lähmen. Wir alle haben das wahrscheinlich schon erfahren. Es gibt viele Menschen, die nicht tun, was sie tun könnten, weil sie Angst haben, erneut schuldig zu werden; Menschen, die für sich nichts beanspruchen, weil sie glauben, kein Recht zu haben; Menschen, die total verunsichert sind, weil ihnen immer wieder vorgehalten wird, was sie damals falsch gemacht ha-

ben; Menschen, die jedes Unrecht, das man ihnen antut, geschehen lassen, weil sie glauben, büßen zu müssen für das, was einmal geschah.
Menschen können Mitmenschen lähmen, wenn sie immer wieder mit dem Finger auf sie zeigen, ihnen ihr Fehlverhalten immer wieder unter die Nase reiben. Wir Menschen machen alle Fehler, wir bleiben immer wieder etwas schuldig. Deshalb sind wir auf Vergebung angewiesen. Wer Mitmenschen festnagelt, lähmt; wer vergibt, befreit, ermöglicht neues Leben.
Es geht nicht darum, dass wir vergessen, was war, sondern, dass wir mit Fehlern und Mängeln rechnen. Wir alle sind Menschensöhne und Menschentöchter. Wir haben die Möglichkeit, einander zu vergeben, und nur dort, wo wir so handeln, wie Jesus in dieser Geschichte zeigt, können wir menschenwürdig leben. In solchen Gemeinschaften wagen wir, uns trotz allem wieder aufzurichten, einander in die Augen zu schauen und miteinander Neues zu schaffen. Wo Menschen einander vergeben, geschehen Wunder.

Sie,
die alles wissen,
alles besser wissen,
alles eher wissen;

sie,
die immer zeigen,
was sie wissen,
besser wissen,
schon lange wissen,

halten eisern fest,
verhindern Neues,
ersticken Leben.

Dem andern vergeben:
Last abnehmen,
Druck mindern,
Fesseln lösen,
Grenzen sprengen,
von Schuld befreien,
damit er wieder wagt,
seine Möglichkeiten einzusetzen,
seinen Teil beizutragen,
Initiativen zu ergreifen,
Verantwortung zu übernehmen,
sein Leben zu leben.

*Du schaust mich an,
nimmst mich an,
sagst ja,
bedingungslos ja – zu mir,
und ich spüre,
wie tief in mir Neues entsteht:
neues Vertrauen,
neuer Mut,
neue Kraft
und das Ja zu mir,
das mich neu leben lässt.*

*Du darfst du sein
mit all deinen Mängeln,
mit all deinen Fehlern,
mit all deinen Zweifeln.
Du darfst du sein,
uneingeschränkt.
Du bist gottgewollt.*

*Ich möchte dir so begegnen,
dass du wieder wagst,
dich aufzurichten:
geduldig zuhören,
bedingungslos annehmen,
einfühlsam verstehen,
hilfreich begleiten,*

wohlwollend fördern,
gezielt verstärken.

Ich möchte dir so begegnen,
dass du wieder wagst,
auf dich selbst zu hören,
nein zu sagen,
zu bitten, wenn du etwas brauchst,
zu fragen, wenn du etwas nicht weißt,
anzunehmen, was dich betrifft,
und deinen Weg zu gehen.

Wunder

Ich wage wieder,
mich aufzurichten,
selbst zu stehen
und selbst zu gehen;
selbst zu entscheiden
und selbst zu verantworten.

Ich wage wieder
zu sagen, was mir wichtig ist;
zu tun, was mir entspricht;
zu sein, wie ich bin.

Dein Ja zu mir
trotz all meiner Zweifel,

trotz all meiner Fehler,
trotz all meiner Mängel,
ermöglicht mir
neu zu beginnen.

Ist es wirklich gotteslästernd,
wenn wir Mitmenschen
Lasten abnehmen,
sie von Druck befreien
und ermutigen,
aufzustehen,
für sich einzustehen,
ihren Weg zu gehen,
sich zu wehren gegen alles,
was Leben behindert?

Ist es nicht unsere Aufgabe,
einander zu helfen,
damit wir wagen zu sein,
was wir zutiefst sind?

NEU ANFANGEN – NEU LEBEN

Der Gelähmte ist von Schuld und Schuldgefühlen befreit, erlöst, frei. Er steht auf und geht. Schuldgefühle sind Fesseln, die einengen; Lasten, die drücken und erdrücken. Es gibt viele Menschen, die unter solchen Fesseln und Lasten leiden, die den Glauben an sich und die Mitmenschen verloren haben; Menschen, die selbst keinen Schritt mehr wagen, ganz und gar auf Mitmenschen, die an sie glauben, angewiesen sind.

Was in dieser Geschichte in einem Moment möglich wird, braucht bei uns normalerweise viel länger. Menschen voller Schuldgefühle können nicht glauben, dass wieder alles in Ordnung ist. Sie wagen es nicht, ihren Mitmenschen zu begegnen und ihnen in die Augen zu sehen. Sie bleiben auf Distanz, sondern sich ab. Es genügt nicht, ihnen einmal zu sagen, wir hätten ihnen vergeben. Sie müssen es erleben: immer wieder und auf ganz verschiedene Art.

In unserer Geschichte heißt es, Jesus habe ihm befohlen, aufzustehen und zu gehen.

Schauen wir genau hin: Es genügt nicht, dem Gelähmten zu helfen, ihn zu tragen und zu ertragen. Es muss ihm vergeben werden. So ist es auch bei uns. Wir müssen einander vergeben, wenn wir uns frei fühlen und befreien wollen.

Oft ist es schwer, einander zu vergeben; dem andern immer wieder seine Mängel unter die Nase reiben und ihn klein machen, fällt uns leichter. Frei, unbeschwert und

glücklich werden wir aber nur, wenn wir einander vergeben.
Es liegt an uns, ob das Wunder hier und heute wieder geschieht. Als Menschensöhne und Menschentöchter haben wir die Möglichkeit, hier auf der Erde Schuld zu vergeben.

Du fragst nicht,
forderst nicht,
nimmst mich bedingungslos an,
sagst ja
trotz all meiner Mängel,
trotz all meiner Schwächen,
trotz allem, was ich schuldig geblieben bin,
vergibst mir,
gibst mir
neue Kraft,
neue Hoffnung,
neuen Mut.
Dankbar wage ich wieder
meinen Weg zu gehen,
zu sagen, was ich denke,
zu tun, was mir entspricht,
zu sein wie ich letztlich bin.

Es geht nicht darum
zu vergessen, was war.
Wichtig ist,
nie zu vergessen,
dass wir in jedem Fall
vieles schuldig bleiben.
Menschlich werden wir,
wenn wir nicht nur geben,
sondern immer wieder vergeben,
miteinander neu anfangen.

Noch einmal neu anfangen,
selber sehen,
selber gehen,
selber entscheiden,
selber tun,
wohl wissend,
dass wir wieder Fehler machen,
manchmal nicht genügen,
oft keine Lösung sehen,
nicht vollkommen sind.

Noch einmal neu anfangen,
ohne Anspruch auf Perfektion
einfach sein dürfen.

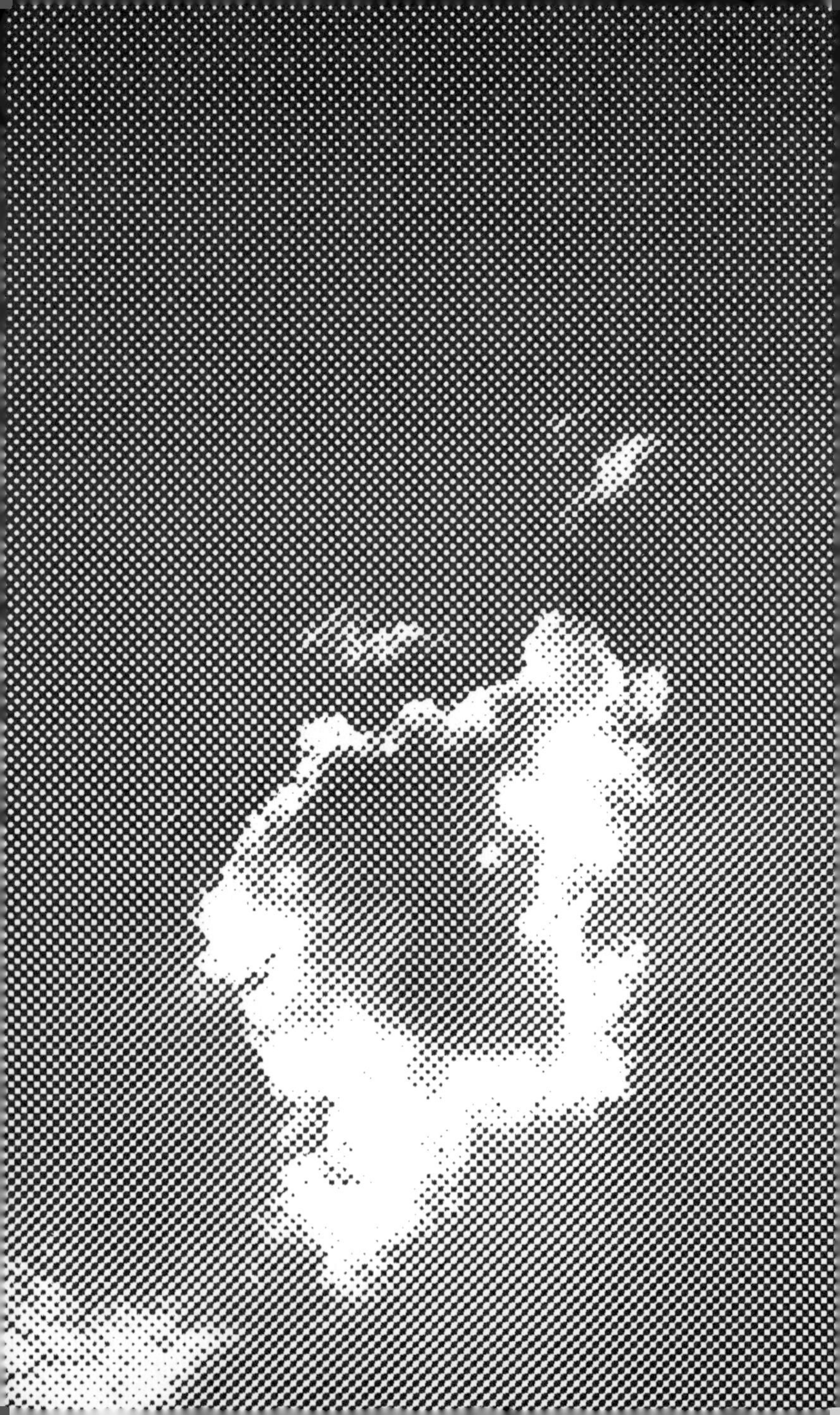

PERSÖNLICHE WORTE

Während vieler Jahre war ich Lehrer auf verschiedenen Stufen, 35 Jahre lang bildete ich Lehrerinnen und Lehrer für die Grundschule aus und war einige Jahre Leiter einer Ausbildungsstätte. Seit vielen Jahren arbeite ich in der Erwachsenenbildung als Referent, Kursleiter und Organisator.

Unsere drei Töchter haben eigene Familien gegründet, meine Frau und ich freuen uns jetzt an unsern acht Enkelinnen und Enkeln, die uns nochmals erleben lassen, wie viel kleine Kinder lernen ohne zu müssen und wie aussengesteuertes Lernen manchmal mühsam sein kann.

Seit bald 40 Jahren publiziere ich. Während vieler Jahre didaktische und pädagogische Fachartikel in verschiedenen Zeitschriften; Fachbücher für Lehrpersonen und Eltern, seit 1987 auch besinnliche Texte wie sie in den Veröffentlichungen im Eschbach Verlag erschienen sind.

Das Arbeiten in Teams, die Gespräche mit Mitmenschen sind mir sehr wichtig. Durch die Arbeit mit Erwachsenen ist unser soziales Netz dicht geworden. Das ist für uns ein grosser Schatz.

Ich habe viele Ideen, bringe sie an geeigneten Orten ein und freue mich, wenn manche gemeinsam mit andern Menschen realisiert werden. Ganz wichtig sind für mich Kontakte, die in und nach Veranstaltungen geknüpft werden. Ich kann gut zuhören und mich in andere Menschen einfühlen, fühle mich vielen nahe.

Während vieler Jahre habe ich bei der Aus- und Weiterbildung von Katechetinnen und Katecheten mitgearbeitet, versucht zu zeigen, wie wir Kindern und Jugendlichen diese wertvollen Texte so nahe bringen können, dass sie berühren, betreffen, auffordern.
Ich brauchte lange, bis diese Texte für mich selbst wichtig wurden. Meine religiöse Erziehung hat dazu kaum beigetragen, im Gegenteil. Erst die vertiefte Auseinandersetzung mit Psychologie und Literatur, das Gespräch mit weisen Menschen haben mir den Weg geebnet.
Ich freue mich, wenn meine Gedanken, meine Arbeit, meine Publikationen andern Menschen Impuls sind, etwas in Bewegung setzen. Sehr dankbar bin ich all jenen, von denen ich gelernt habe, weil sie mir offen und ehrlich begegnet sind, und vor allem meiner Frau Thérèse, die mich – trotz allem – seit mehr als 40 Jahren begleitet und unterstützt.

Max Feigenwinter